高等师范教育精品教材系列丛书

曹晓荣　主　编

董丽花　曹瑞霞　高　艳　副主编

化学与社会生活
Chemistry and Social Life
——从化学实验中体验

经济科学出版社
Economic Science Press

图书在版编目（CIP）数据

化学与社会生活：从化学实验中体验/曹晓荣主编.
—北京：经济科学出版社，2016.3
（高等师范教育精品教材系列丛书）
ISBN 978-7-5141-6750-4

Ⅰ.①化… Ⅱ.①曹… Ⅲ.①化学实验-高等师范院校-教材 Ⅳ.①O6-3

中国版本图书馆 CIP 数据核字（2016）第 061198 号

责任编辑：柳　敏　李晓杰
责任校对：王肖楠
责任印制：李　鹏

化学与社会生活
——从化学实验中体验
曹晓荣　主　编
董丽花　曹瑞霞　高　艳　副主编
经济科学出版社出版、发行　新华书店经销
社址：北京市海淀区阜成路甲 28 号　邮编：100142
总编部电话：010-88191217　发行部电话：010-88191522
网址：www.esp.com.cn
电子邮件：esp@esp.com.cn
天猫网店：经济科学出版社旗舰店
网址：http://jjkxcbs.tmall.com
北京汉德鼎印刷有限公司印刷
三河市华玉装订厂装订
710×1000　16 开　5 印张　80000 字
2016 年 3 月第 1 版　2016 年 3 月第 1 次印刷
ISBN 978-7-5141-6750-4　定价：15.00 元
（图书出现印装问题，本社负责调换。电话：010-88191502）
（版权所有　侵权必究　举报电话：010-88191586
电子邮箱：dbts@esp.com.cn）

总　　序

随着社会主义市场经济体制的不断完善和高等教育的快速发展，我国教师教育受到党和政府的高度重视。中共中央在《关于深化教育改革全面推进素质教育的决定》中指出："调整师范学校的层次和布局，鼓励综合性高等学校和非师范类高等学校参与培养、培训中小学教师的工作，探索在有条件的综合性高等学校中试办师范学院。"由此，综合性院校成为我国教师教育发展的一支重要力量，推动教师教育体系发生着深刻的变革。同时，为拓展自身生存和发展的空间，提高办学活力，我国大多数师范院校也在增设非师范专业，逐步建构综合性大学，这既是高等教育发展的规律，也是教师教育发展的必然趋势。

综合性大学参与教师的培养，可以发挥雄厚的基础学科优势。从开放型的培养体制来看其优点是：教师来源广泛、储备多，能满足各类教育发展的需要；有利于提高师资培养质量，使师范生的学识水平等同于其他大学。师范院校的综合性发展，既培养多种类型的人才，与地区经济建设紧密结合，又增强自身活力，提高自我造血功能；扩展师范生就业门路，增加与其他类高校毕业生平等竞争的机会。因此，教师教育已经成为一个开放的、动态的体系，即以招生为起点，包括职前教育、入职教育和在职教育三个相互关联的阶段的连续统一体，这样可以促进教师在其职业生涯的所有阶段获得其专业发展。

呈现在大家面前的这套高等师范教育精品教材系列丛书，是探索教师教育改革的新举措，也是编著团队对教师教育科学研究工作的阶段性成果，编写过程中倾注了作者大量的心血。教材内容具有先进性、科学性和教学适用性，符合新时期教师教育人才培养目标及课程教学的要求，全面、准确地阐述了教师教育课程的基本理论、基本知识和基本技能，取材合适、深度适宜、结构严谨、理论联系实际。能够反映本领域国内外科学研究和教学研究的新知识、新成果、新成就、新技术。有利于培养学生的自学能力、独立思考能力和创新能力。

教材编写是一项复杂的工作，加之时间紧迫、任务艰巨，难免出现一些疏漏和错误，请读者不吝指正。本教材在编写过程中得到了相关领导和专家的鼎力支持和辛勤付出，以及广大教师、学生的积极参与，在此表示衷心的感谢！

王玉华

齐鲁师范学院校长、教授、博士

目 录

第一章 绪论 ··· 1

    第一节 开设《化学与社会生活：从化学实验中体验》的

           目的、意义 ··· 1

    第二节 化学实验室安全规则 ·· 2

第二章 洗涤用品与生活 ·· 4

    第一节 洗涤产品的种类及作用原理 ····································· 4

    第二节 肥皂的历史与组成 ··· 8

    第三节 制皂工艺 ··· 11

    实验一 手工皂的制作 ··· 13

    实验二 酸碱指示剂的应用——快速检测衣物是否漂洗干净 ······ 15

第三章 化学与药物 ·· 18

    第一节 药物的发展和分类 ·· 18

    第二节 几类常用的化学药物 ··· 23

    第三节 科学合理用药 ·· 31

    实验三 阿司匹林的制备 ·· 35

    实验四 药用氯化钠的提纯与检验 ······································ 38

第四章　饮料与化学 ··· 41

　　第一节　饮料的分类 ····································· 41
　　第二节　几种常见饮料中的成分与人体健康 ·············· 44
　　第三节　饮料的选择 ····································· 52
　　实验五　从茶叶中提取咖啡因（碱） ······················ 54
　　实验六　水的净化及水质检验 ···························· 57

第五章　酸碱性食物与人体健康 ····························· 62

　　第一节　人体的酸碱性 ··································· 62
　　第二节　酸碱性食物与健康 ······························ 65
　　实验七　酸碱体质测试 ··································· 68
　　实验八　食物酸碱性的检测 ······························ 69
　　实验九　面粉新鲜度的检测 ······························ 70
　　实验十　食醋总酸度的测定 ······························ 72

第一章 绪 论

第一节 开设《化学与社会生活：从化学实验中体验》的目的、意义

我们生活在一个化学世界里，人类的衣、食、住、行和国民经济中的农业、轻、重等工业，无不包含和渗透着化学。建设现代工业、现代农业、现代国防和现代科学技术，缺少化学就寸步难行。本来人们对化学应该有正确的认识和浓厚的兴趣，然而实际情况却刚刚相反，化学在不少青年学生以及他们的家长心目中的形象不佳。化学药品又臭、又毒、又易燃、易爆，既能污染环境，又会使人致癌。他们对化学存有恐惧感，因此不少家长不愿意让子女报考化学类专业。通过本课程的开设，可以帮助学生正确认识和理解化学的意义和价值。

在多年的公共选修课教学工作中，本课题组成员一致感觉应将化学实验纳入到化学公选课教学中，化学实验纳入化学公选课程内容，作为课程的一部分与学生感兴趣的化学知识有机结合，将实际操作与理论普及有机结合，形成独特的综合（理论与实践）教育公共选修课程，可达到知识、能力和素质教学于一体，培养学生创新能力等目的。这些"综合教育"课程可充分挖掘和利用教学资源，吸引更多的学生涉足于化学，引导他们了解现代化学学科的面貌，启发对科学实验的兴趣，培养广泛多样的思维和创新能力。这也是我们编写本教材的初衷。

第二节　化学实验室安全规则

一、一般规则

1. 实验前，要清楚需关闭的龙头、电气开关；
2. 清理好出入通道；
3. 明确急救方法；
4. 应专注于实验操作，不准高声谈笑及听音乐等；
5. 取用试剂前，应先看清标签，以免误用；
6. 倒液体药品时，应将瓶子的标签朝上，以免流出药液损毁标签；
7. 严禁将化学品及器皿携带出实验室；
8. 化学品泼洒后，要及时清除；
9. 地上泼洒了水必须立即用干拖把拖干净；
10. 加热乙醇等易燃品时，严禁用明火，而要用水浴锅，且周围不得有任何易燃品。

二、个人注意事项

1. 穿长袖衣裤，不穿拖鞋或凉鞋，穿防滑、低跟而合脚的鞋，以遮盖住全身大部分皮肤；
2. 扎好长发并置于身后；
3. 眼睛接触到任何化学品都应视为突发事件，立刻用大量水清洗并报告老师；
4. 离开实验室前，用肥皂和水洗手；
5. 如皮肤接触到化学药品，应立即用大量水清洗；
6. 避免吸入化学药品，不要"以鼻吸气"来辨别气味；
7. 不要用嘴而要用洗耳球吸移液管；
8. 勿带食物，饮料或化妆品进入实验室；

9. 在实验室中，避免手接触你的嘴和眼睛。

三、玻璃器具的标准操作程序

1. 在使用前，检查所有的玻璃器皿，报告所有破裂的、有缺口的玻璃器具；

2. 只使用洗净的玻璃器具，离开实验室前清洗所有用过的玻璃器具；

3. 清洗玻璃器具时不要戴橡胶手套，因为那样会使其变得很滑；

4. 将玻璃器具放在工作台中央而不是边缘；

5. 只能加热耐热玻璃器具，不能加热试剂瓶；

6. 若打坏了玻璃器具，立即清扫干净，并赔偿所损坏的实验器具。

四、电器使用注意事项

1. 开关电器设备时要果断，防止似接非接的状况；

2. 用电子设备时，应先了解其性能，按规程操作；

3. 若电器设备过热或有焦糊味，应立即切断电源；

4. 较长时间离开或停电源时，要切断电源，高温设备的火灾不宜用水扑救；

5. 电源或电器设备的保险烧断时，应先查明原因，排除故障后，再更换保险丝；

6. 在开关或发热设备附近，勿放易燃性物质；

7. 发生电气事故而引起火灾时，要立即切断电源，再开始灭火；

8. 保持电线和电器设备的干燥，防止其受潮漏电。

第二章 洗涤用品与生活

第一节 洗涤产品的种类及作用原理

从广义上讲,洗涤是指从被洗涤对象中除去不需要的成分并达到某种目的的过程。通常意义是指从载体表面去污除垢的过程。在洗涤时,通过一些化学物质(如洗涤剂等)的作用以减弱或消除污垢与载体之间的相互作用,使污垢与载体的结合转变为污垢与洗涤剂的结合,最终使污垢与载体脱离。因被洗涤的对象、要清除的污垢多种多样,因此洗涤是一个十分复杂的过程。

一、洗涤产品种类

洗涤产品是指在洗涤物体表面上的污垢时,能改变水的表面活性,提高去污效果的物质。包括合成洗涤剂和肥皂,有时也统称为洗涤剂。去污的范围很广,日常生活中的去污主要是指衣物的去污,这是洗涤用品最主要的功能。日用器皿、餐具和水果蔬菜等的洗涤也属去污,但习惯上称为清洗,所用的洗涤用品则称为清洗剂。洗涤产品分类方式很多。按外观形态分类,洗涤产品可分为粉体洗涤剂、液体洗涤剂和固体洗涤剂三大类。按使用范畴分类,洗涤产品可分为民用(家用)洗涤剂和工业洗涤剂。民用(家用)洗涤剂包含肥皂、合成洗衣粉、液体洗涤剂、固体状洗涤剂及膏状洗涤剂。其中,肥皂的主要成分为硬脂酸钠,是由天然油脂经皂化反应生成的,去污力强,对人体毒副作用小,对环境污染小。但是它在硬水中与钙镁离子发生置换反应会形成皂垢,皂垢黏附在衣物上,使被洗涤衣物板结,并在洗涤用具上形成污垢。洗衣液去污力强但价格稍高。与洗衣粉相比,皂粉的主要成分是由天然油脂经简单皂化而来,具有更好的柔顺性,更适用于贴身衣物的洗涤。洗涤过程是一个可逆过程,分散、悬浮于介质的污垢也有可能从介质中重新沉积到被洗物上。因此,一种优良的洗涤剂除了具有使污垢脱离载体的能力外,还应用较好的分散和悬浮污垢、防止污垢再沉积的能力。洗涤剂要具备良好的润湿性、渗透性、乳化性、分散性、增溶性、发泡与消泡等性能。这些性能的综合就是洗涤剂的洗涤性能。

二、洗涤产品的作用原理

洗涤作用的基础过程可用如下简单关系表示:

$$载体 \times 污垢 + 洗涤剂 \Leftarrow 介质 \Rightarrow 载体 + 污垢 \times 洗涤剂$$

洗涤过程通常可分为两个阶段:一是洗涤剂作用下,污垢与载体脱离;二是脱离的污垢被分散、悬浮于介质中。

在自然界中,物质以气体、液体和固体三种状态存在,此物质三相必然会发生两两接触而形成接触面,通常把固—气或液—气两相之间的接触面称为固体或液体的表面,而液—液、固—固、或固—液之间的接触面称为界面。由于两相接触面上的分子与其本相内部的分子所处的状态不同,因而物质的表面或界面与其本相具有不同的表现。洗涤剂的主要成分是表面活性剂,表面活性剂是这样一类物质,当它在溶液中以很低的浓度溶解分散时,优先吸附在表面或界面上,使表面或界面张力显著降低;当它达到一定浓度时,在溶液中缔合成胶团(如图2-1所示)。表面活性剂分子由两部分组成(如图2-2所示),一部分溶于水,具有亲水性,称作亲水基;另一部分不溶于水而溶于油,具有亲油性,称作亲油基,也称疏水基。双亲的分子结构使得表面活性剂一部分倾向于溶于水,而另一部分则倾向于从水中逃离,具有双重性质。表面活性剂的这个特性在清除污垢的过程中起着重要的作用,它既能与水结合又能与油结合,结合后存在于油和水的界面上,从而使两种不相溶的油相与水相混为一体,也可以是不相混的固相颗粒悬浮于水中,这种作用对于去除污垢起着决定作用。表面活性剂分子的亲水基团常为极性基团,如羧酸、磺酸、氨基及其盐，也可是羟基、酰胺基等；而亲油基团常为非极性烃链，一般为含8个碳原子以上的烃链。亲油基团与油污作用，亲水基团进入水相，通过乳化作用和润湿作用将污垢从清洗物上分离下来。洗涤剂对洗涤物品的润湿是洗涤剂可否发生作用的先决条件，洗涤剂对洗涤物品必须具有较好的润湿性，否则洗涤剂的洗涤作用不易发挥。对于人造纤维和未经脱脂的天然纤维等，因其临界表面张力低于水的表面张力，使水对它的润湿性不能达到令人满意的程度。通过加入洗涤产品，降低水的表面张力，改善水对洗涤物品表面的润湿性，促使污垢脱离织物表面，产生洗涤效果。由织物表面上脱落下来的液体油污被洗涤剂乳化成小油滴并分散悬浮于水中，并通过静电作用或空间位阻作用增加污垢在水中的分散稳定性。从而阻止污垢再次沉积到物品表面。

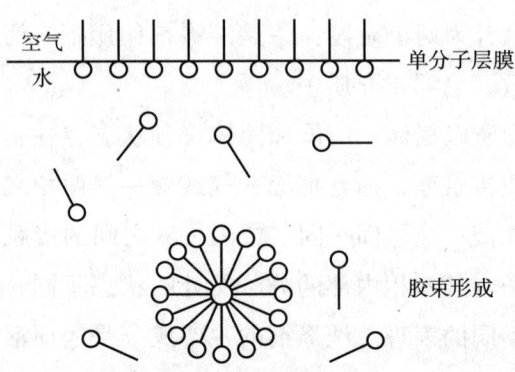

图2-1　表面活性剂在表面合体相中的聚集形态

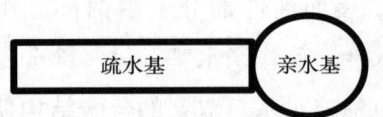

图2-2　表面活性剂分子结构示意图

以洗衣服为例，去污过程大致可分为以下几个过程：脏衣服浸泡在洗涤剂溶液中，洗涤剂中的表面活性剂分子逐渐润湿被洗涤的织物纤维和污垢；表面活性剂分子向织物纤维和污垢之间渗透并被吸附，使纤维与污垢的结合力变弱而松弛；表面活性剂亲油的一端被污垢吸附而被包裹；包裹的污垢借助搅拌机械力或手搓洗力脱离织物纤维被分散到洗涤剂溶液中。通过上述过程（如图2-3所示），就可以把油脂类污垢或其他用水难以直接洗去的污垢清洗干净。

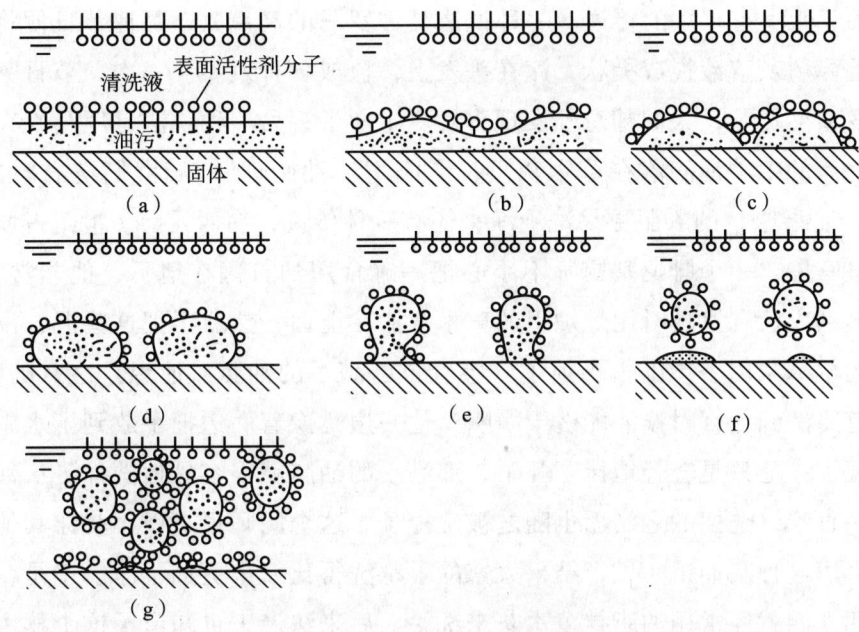

图2-3 去污过程示意图

第二节　肥皂的历史与组成

一、肥皂的历史

关于肥皂有很多的传说。一种说法是古罗马的高卢人，每遇节日便将羊油和山毛榉树灰溶液搅成稠状，涂在头发上，梳成各种发型。一次，节日突遇大雨，发型淋坏了，人们却意外发现头发变干净了；另一种说法是罗马人在祭神时，烧烤的牛羊油滴落在草木灰里，形成了"油脂球"。妇女们洗衣时发现，沾了"油脂球"的衣服更易洗干净；还有一种传说，在西元前7世纪古埃及的一个皇宫里，一个腓尼基厨师不小心把一罐食用油打翻在地下，他非常害怕，赶快趁别人没有发现时用灶炉里的草木灰撒在上面，然后再把这些混合浸透了油脂的草木灰用手捧出去扔掉了。望着自己满手的油腻，他想：这么脏的手，不知道要洗到什么时候才能洗干净啊！他一边犹豫着一边把手放到了水中。奇迹出现了：他只是轻轻地搓了几下，那满手的油腻就很容易地洗掉了！甚至连原来一直难以洗掉的老污垢也随之被洗掉了。这个厨师很奇怪，就让其他的厨师也来用这种灰油试一试，结果大家的手都洗得比原来更加干净。于是，厨房里的佣人们就经常用油脂拌草木灰来洗手。后来法老王也知道了这个秘密，就让厨师做些拌了油的草木灰供他洗手用。以上都说明了人们用动物脂肪与草木灰（碱）皂已有千年历史。据史料记载，最早的肥皂配方起源于西亚的美索不达米亚。大约在公元前3000年的时候，人们便将1份油和5份碱性植物灰混合制成清洁剂。考古学家在意大利的庞贝古城遗址中发现了制肥皂的作坊，说明罗马人早在公元2世纪已经开始了原始的肥皂生产。中国人也很早就知道利用草木灰和天然碱洗涤衣服，人们还把猪胰腺、猪油与天然戎混合，制成块，称"胰子"。早期的肥皂是奢侈品，直至1791年法国化学家卢布兰用电解食盐方法廉价制取火碱成功，从此结束了从草木灰中制取碱的古老方法。1823年，德国化学家契弗尔发现脂肪酸的结构和特性，肥皂即是脂肪酸的一种。19世纪末，制皂工业由手工作坊最终转化为工业化生产。

之所以叫做肥皂,是因为古人在黄河流域使用皂荚来洗衣服,后来到长江流域就没有皂荚树了,于是他们又发现有另一种树,其果实跟皂荚的性能一样,也可以洗衣服,但是比皂荚更为肥厚丰腴,所以,给它取名叫肥皂子,也叫肥皂果。后来发明了人造的去污剂的时候,依然使用了"肥皂"这个词,所以,虽然没有瘦皂,可是有不肥的皂,就是"皂荚"。

古代不管是东西方,最早的洗涤成分不外乎都是碳酸钠和碳酸钾。前者为天然湖矿产品,后者就是草木灰的主要洗涤成分。肥皂是脂肪酸金属盐的总称,日用肥皂中的脂肪酸碳数一般为10~18,金属主要是钠或钾等碱金属,也有用氨及某些有机碱如乙醇胺、三乙醇胺等制成特殊用途肥皂的。肥皂包括洗衣皂、香皂、金属皂、液体皂,还有相关产品脂肪酸、硬化油、甘油等。肥皂中除含高级脂肪酸盐外,还含有松香、水玻璃、香料、染料等填充剂。从结构上看,在高级脂肪酸钠的分子中含有非极性的憎水部分(烃基)和极性的亲水部分(羧基)。憎水基具有亲油的性能。在洗涤时,污垢中的油脂被搅动、分散成细小的油滴,与肥皂接触后,高级脂肪酸钠分子的憎水基(烃基)就插入油滴内,靠范德华力与油脂分子结合在一起。而易溶于水的亲水基(羧基)部分伸在油滴外面,插入水中。这样油滴就被肥皂分子包围起来,分散并悬浮于水中形成乳浊液,再经摩擦振动,就随水漂洗而去,这就是肥皂去污原理。但普通肥皂不宜在硬水或酸性水中使用。在硬水中因生成难溶于水的硬脂酸钙盐和镁盐,在酸性水中生成难溶于水的脂肪酸,大大降低其去污能力。

二、肥皂的组成

肥皂的用途很广,除了大家熟悉的用来洗衣服之外,还广泛地用于纺织工业。通常以高级脂肪酸的钠盐用得最多,一般叫做硬肥皂;其钾盐叫做软肥皂,多用于洗发刮脸等。其铵盐则常用来做雪花膏。根据肥皂的成分,从脂肪酸部分来考虑,饱和度大的脂肪酸所制得的肥皂比较硬;反之,不饱和度较大的脂肪酸所制得的肥皂比较软。肥皂的主要原料是熔点较高的油脂。从碳链长短来考虑,一般说来,脂肪酸的碳链越短,所做成的肥皂在水中溶解度越大;碳链越长,则溶解度越小。因此,只有 C10~C20 的脂肪酸钾盐或钠盐才适于做肥皂，实际上，肥皂中含 C16～C18 脂肪酸的钠盐为最多。

肥皂中通常还含有大量的水。在成品中加入香料、染料及其他填充剂后，即得各种肥皂。普通使用的黄色洗衣皂，一般掺有松香，松香是以钠盐的形式而加入的，其目的是增加肥皂的溶解度和多起泡沫，并且作为填充剂也比较便宜。白色洗衣皂则加入碳酸钠和水玻璃（有的含量可达12%），一般洗衣皂的成分中约含30%的水分。如果把白色洗衣皂干燥后切成薄片，即得皂片，用以洗高级织物。在肥皂中加入适量的苯酚和甲酚的混合物（防腐，杀菌）或硼酸即得药皂。香皂需要比较高级的原料，例如，用牛油或棕榈油与椰子油混用，制得的肥皂，弄碎，干燥至含水量约为10%～15%，再加入香料、染料后，压制成型即得。液体的钾肥皂常用作洗发水等，通常是以椰子油为原料制得的。

第三节 制皂工艺

一、工业制皂工艺

制皂的基本化学反应是油脂和碱相互作用生成肥皂和甘油；反应所得的皂经盐析、洗涤、整理后，称为皂基，再继续加工而成为不同商品形式的肥皂。通常，油脂中会含有杂质，精炼可除去油脂中的杂质。工业上制皂工艺通常可分为以下几个过程：

1. 精炼：常用精炼过程包括脱胶、碱炼（脱酸）脱色。脱胶是除去油脂中的磷脂等胶质，有用水将磷脂等胶质水化，然后沉淀析出的水化法；和用浓硫酸使磷脂和类似的杂质碳化、沉淀的酸炼法。碱炼的主要作用在于除去油脂中的游离脂肪酸，但由于生成絮状皂，吸附而去除了油脂中的色素和杂质。

2. 皂化：油脂精炼后与碱进行皂化反应。沸煮法是主要的皂化方法，皂锅呈圆柱形或方形。除配有油脂、碱液、水、盐水等的输送管道外，还装有直接蒸汽或蒸汽盘管，以通入蒸汽并搅匀皂料。锅中还装有摇头管，管的上口可放在任何液位以排放锅内皂料。锅底呈锥形，下有放料管可以放出摇头管排料后剩下的残液。油脂和烧碱在皂锅内煮沸至皂化率达95%左右，皂料呈均匀的闭合状态时即停止皂化操作。

3. 盐析：在闭合的皂料中，加食盐或饱和食盐水，使肥皂与稀甘油水分离。使肥皂析出的最低浓度称为盐析极限浓度。闭合的皂胶经盐析后，上层的肥皂叫做皂粒；下层带盐的甘油水从皂锅底部排出，以回收甘油。

4. 洗涤：分出废液后，加水及蒸汽煮沸皂粒，使之由析开状态成为均匀皂胶，洗出残留的甘油、色素及杂质。

5. 碱析：为使皂粒内残留的油脂完全皂化，经碱析进一步洗出皂粒内的甘油、食盐、色素及杂质。碱析水完全析出的最低的碱的浓度称为碱析水极限浓度。

6. 整理调整：为调整碱析后皂粒内电解质及脂肪酸含量，减少杂质，改善色泽，获得最大的出皂率和质量合格的皂基。整理时要加入适量电解质（如烧碱、食盐），调整到足以使皂料析开成上下两个皂相。上层为纯净的皂基，下层为皂脚。皂脚色泽深，杂质多，一般在下一锅碱析时回用。

7. 成型：皂基冷凝成大块皂板，然后切断成皂坯，经打印、干燥成洗衣皂、香皂等产品。

二、手工皂的制作工艺

随着人们生活水平的提高，手工香皂因其功能化越来越受到人们的喜爱。工业皂多采用热溶法制皂，手工皂多采用冷制法制皂，除了将油脂加热溶化过程，在其余过程中不需要高温加热，因此，冷制法可以最大限度地保留了植物油和其他添加物中含有的天然维生素和营养成分，也因此成为皮肤最好的保养品。但冷制法需要的时间较长，通常为4~6周，而热溶法几个小时即可完成制皂过程。另一种制作手工香皂的方法就是利用皂基为基础制作的。皂基是一种透明的固体块。透明皂原材料由100%高纯度甘油、纯天然植物油等精致而成。当然它也有和普通香皂一样的去污功能，但是它和普通香皂的成份配比大不相同，因此它可以加热融化重新塑形，基础模具为固定整个形状的塑料模具，可有各种形状。热融后的皂液倒入模具后，待皂液冷却凝固即可脱模。这种方法可大大缩短制皂时间，但营养功能方面受皂基的制约。

实验一　手工皂的制作

一、实验目的

1. 了解洗涤的基本过程。
2. 学习制备肥皂的方法。

二、实验原理

肥皂是高级脂肪酸金属盐类的总称，是最早使用的洗涤用品。肥皂对皮肤刺激性小，具有便于携带、使用方便、去污力强、泡沫适中、洗后易去除等优点。肥皂的有效成分是表面活性剂，洗涤衣服的洗涤剂中常用表面活性剂分为阴离子型和非离子型。肥皂中常用的离子型表面活性剂是硬脂酸钠，洗衣粉主要使用十二烷基苯磺酸钠；非离子型表面活性剂主要是烷基聚氧乙烯醚。

制作肥皂以天然的动、植物油脂为原料，经碱皂化制得，以硬脂酸三甘油酯的皂化反应为例，发生的皂化反应如下：

$$(C_{17}H_{35}COO)_3C_3H_5 + 3NaOH \xrightarrow{\triangle} 3C_{17}H_{35}COONa + C_3H_5(OH)_3$$

三、实验仪器与试剂

仪器：250mL 烧杯，温度计，玻璃棒，水浴锅，电加热台板。

试剂：NaOH，猪油，棕榈油，蓖麻油，甘油，95% 乙醇，蔗糖，香料，模具。

四、实验步骤

1. 在 250mL 烧杯中加入去 10g 猪油、10g 棕榈油和 8g 蓖麻油，加热至 80℃，使油脂混合熔化。
2. 边快速搅拌边加入 17g 30% NaOH 和 5g 90% 乙醇的混合液，在 75℃ 的水浴上加热皂化，到达终点后停止加热。

终点判断方法：混合物从搅拌棒上流下时形成棒状并在棒上很快凝固；或取少量反应混合物滴入清水中，能完全溶解。

3. 用5g蔗糖和5g水配制成溶液并加热至50℃，边搅拌边向皂化反应完成的烧杯中加入2.5g甘油和预热好的蔗糖溶液，搅拌均匀后静置降温。

4. 适当降温后加入适量香料，搅拌均匀后倒入模具中，冷却成型。

五、注意事项

1. 搅拌充分、均匀，皂化反应方可完全；
2. 充分了解苛性钠（NaOH）的化学性质并注意它的危险性。
3. 保持整过反应过程中温度在60℃~70℃，防止过多营养物质被破坏。

实验二 酸碱指示剂的应用——快速检测衣物是否漂洗干净

一、实验目的

1. 用酸碱指示剂检测漂洗衣物是否有残留洗衣粉；
2. 了解酸碱指示剂的基本原理；
3. 培养创造思维能力，以及发现问题、分析问题、解决问题的能力。

二、实验原理

酸碱指示剂是一类在不同 pH 溶液里显示不同颜色的物质。它是借助于本身颜色的改变来指示溶液 pH 的化学试剂。它们一般属于染料类的有机弱酸、弱碱或两性物质。

大型洗衣房使用强碱性的工业洗衣粉，洗衣过程中漂洗次数的多少直接关系到洗衣成本及漂洗质量，要求洗涤的衣物必须漂洗到中性，以使其在穿用时与皮肤接触有舒适感。为减少漂洗次数以达到节水的目的，洗衣房普遍使用柠檬酸等来中和残留的洗衣粉的碱性，洗衣房迫切需要一种方便使用、现象明显的指示剂来指导其漂洗衣物的干净程度。工业洗衣粉呈碱性，其 pH 大约为 9.0~10.0，因而可通过检测漂洗过的衣物的酸碱性来检测是否有洗衣粉残留，关键是要找到一种变色范围在 6.5~7.5、变色灵敏、现象明显的指示剂。

本实验选用中性红（红 6.8~8.0 橙黄）、中性红与次甲基蓝混合指示剂（变色点 7.0，变色为蓝紫—绿）和溴百里酚蓝钠盐水与酚红钠盐水混合指示剂（变色点 7.5，变色为黄—紫）进行实验。

三、实验仪器及试剂

仪器：胶头滴管、试剂瓶 2 个、电子天平、量筒。
材料和试剂：布料 3 块、碱性洗衣粉、1g/L 中性红乙醇溶液、1g/L 次甲基蓝乙醇溶液、1g/L 溴百里酚蓝钠盐水溶液、1g/L 酚红钠盐水溶液。

四、实验步骤

1. 指示剂的配置。

（1）将 1g/L 的中性红乙醇溶液与 1g/L 次甲基蓝乙醇溶液 1:1 混合配置成混合试剂一，并转移至试剂瓶中。

（2）将 1g/L 溴百里酚蓝钠盐水溶液与 1g/L 酚红钠盐水溶液 1:1 混合配置成混合指示剂二，并转移至另一试剂瓶中。

2. 实验。

取三块面积为 $10cm^2$ 的白布，用 1% 的工业洗衣粉清洗 10 分钟，取出拧干，在布的一角滴一滴指示剂，观察其变色情况，然后观察指示剂对这三块白布的漂洗次数的反应情况。

五、实验结果及讨论

表 2-1　　　　　　　　　　　实验结果

指示剂 布料 漂洗次数	中性红	混合指示剂一 （1g/L 中性红乙醇溶液与 1g/L 次甲基蓝乙醇溶液 1:1 混合试剂）	混合指示剂二 （1g/L 溴百里酚蓝钠盐水溶液与 1g/L 酚红钠盐水溶液 1:1 混合试剂）
未漂洗			
漂洗 1 次			
漂洗 2 次			
漂洗 3 次			
漂洗干净			
结论			

注：每块布料漂洗的程度要尽量相同。

六、思考题

1. 结合本实验，试比较混合指示剂和单一指示剂各有什么优点？
2. 酸碱指示剂的用量是否越多越好？
3. 试将本实验结果与指示剂的理论变色比较，说明影响本实验结果的因素有哪些？

第三章 化学与药物

第一节 药物的发展和分类

　　健康是人类永恒的话题。人类自诞生之日起，就在不停地跟疾病做斗争，当人的免疫系统抵御不了细菌和病毒的侵害时，就不得不求助于药物。远古时代人们为了生存，从生活经验中得知某些天然物质可以治疗疾病或减轻伤痛，这是药物的源始。这些经验有很多都流传至今，如大黄导泻、楝实祛虫、柳皮退热等。将民间医药实践经验的累积和流传集成本草，这在中国、埃及、希腊、印度等均有记载，例如在公元一世纪前后我国的《神农本草经》及埃及的《埃伯斯医药籍》等。明朝李时珍的《本草纲目》（1596）在药物发展史上有巨大贡献，是我国传统医学的经典著作，全书共 52 卷，约 190 万字，收载药物 1892 种，插图 1160 帧，药方 11000 余条，是现今研究中药的必读书籍，在国际上有七种文字译本流传。

　　药物是用于治疗、预防和诊断疾病或调节机体生理功能并具有质量标准、经政府有关部门批准的一类物质，按其来源分类，药物可分为天然药物和化学合成品（化学药物）。

一、天然药物

　　天然药物是药物的重要组成部分。我国天然药物资源十分丰富，中草药、民族药品品种繁多，为医药事业的发展奠定了坚实的物质基础。目前，世界上天然药物资源种类共有一万余种，我国目前应用的天然药物有五六千种，常用的天然药物约有七八百种。

天然药物主要来源于植物、动物、矿物和海洋生物等，其中绝大多数是植物性的药材，植物的根、茎、叶、皮、花、果实及汁液均可入药。例如，甘草、麻黄、穿心莲、黄连、板蓝根等。动物性药物品种较少，如牛黄、鸡内金、阿胶、鹿茸、牡蛎、蜈蚣、鳖甲等。矿物性药物有胆矾、泻盐、硼砂、石膏、硫黄、雄黄等。这些天然药物按各种药物的性能，结合中医辨证论治理论，大约分为20大类，包括：解表药、清热泻火药、泻下药、祛风湿药、芳香化湿药、利水渗湿药、湿里药、理气药、消食药、驱虫药、止血药、活血祛瘀药、化痰止咳药、安神药、平肝息气药、补虚药、收敛药、涌吐药、外用药等等。

天然药物的化学成分非常复杂，其中具有生物活性的称为有效成分；无生物活性的称为无效成分。一种天然药物往往含有多种有效成分，故可有多种临床用途。例如，天然药物鸦片中的吗啡生物碱具有显著的镇痛作用，罂粟碱具有强的解痉作用，而可待因具有显著的止咳作用，鸦片中的这三种有效成分，具有不同的临床用途。天然药物所含有效成分是药物防病治病的物质基础。但有效和无效的划分也是相对的，随着科学技术的发展，对天然药物化学成分的研究逐步深入，原来认为无生物活性的化合物，如一些脂肪、蛋白质、多糖、无机元素等，有的现被证明具有生物活性。因此，进行天然药物有效成分的研究，必须缜密地、系统地、全面地进行，才能真实地反映天然药物原有的生物活性，为天然药物的应用提供更广阔的空间。

二、化学药物

化学药物的起源和发展离不开天然药物，19世纪中叶，化学家们已有能力从一些作为药物使用的植物中分离出纯的有效化学物质。其中，最有影响的工作是从鸦片中分离出了吗啡，从金鸡纳树皮中得到治疗疟疾的药物奎宁，从莨菪中提取出阿托品以及从古柯叶中取得了可卡因等。这些成就证实了人们一直坚信的信念，即天然药物之所以具有治疗价值是因为它们中含有有效的化学物质，这为人们利用化学物质来代替天然物本身作为药物使用开辟了道路。另一方面，有机化学在当时已经相当成熟，临床医学家会很现成地挑选一些简单的有机化合物在病人身上进行实验来开发药物。氯仿和乙醚作为全身麻醉药，水合氯醛作为镇静药就是这样的典型实例。19世纪末已可利用像水杨酸这样的有机化合物作为先导化合物进行简单的结构修饰来开发新药，1899年阿司匹林的诞生，意味着药物化学已逐渐形成为一门重要的独立学科。进入20世纪以来，激素类药物、维生素、磺胺类药物、抗生素类药物被相继发现和临床使用。20世纪50年代以后，化学药物的发展更是突飞猛进，治疗心血管和抗肿瘤药物的研究和开发进入了高潮。至今，人们已经成功研制了数以万计的化学药物，而且，随着化学和医药科学的发展，今后还会有更多更新的化学药物问世。

化学药物种类繁多，可以按化合物结构分类，也可以按治疗目的分类。目前，在药物化学体系中，以用途为主化学结构为辅的原则将化学药物分为以下种类：麻醉药、镇静催眠药、抗癫痫药、抗精神病药、抗焦虑抑郁药、中枢兴奋药、镇痛药、解热镇痛药、解痉药、肌肉松弛药、拟肾上腺素药、抗组胺药、消化系统药、心血管系统药、抗生素、抗真菌抗病毒药、抗寄生虫药、抗肿瘤药、激素类药及维生素类药等。

三、处方药和非处方药

随着药物化学的发展，可供选择的药物越来越多。药物虽然能够治疗疾病，但每种药物都具有一定的毒性，如果选用不当，会对人体造成很大的伤害。根据国家药品分类管理办法，按照药品安全有效、使用方便的原则，将化学药物分为处方药和非处方药两大类。

处方药是指经过医生处方才能从药房或药店获取并要在医生监控或指导下使用的药物。国外常用的术语有：Prescription Drug、Ethical（Ethic）Drug（美国用 Legend Drug），简称 R。R 表示医生须取用其药，这在处方左上角常可见到。处方药大都属于如下情况：

（1）刚上市的新药，对其活性、副作用还要进一步观察；

（2）可产生依赖性的某些药物：如吗啡类镇痛药及某些催眠安定药物等；

（3）药物本身毒性较大：如抗癌药物等；

（4）某些疾病必须由医生和实验室进行确诊，使用药物需医生处方，并在医生指导下使用，如心血管疾病药物等。

此外，处方药只准在专业性医疗报刊进行宣传，不准在大众传播媒介进行广告宣传。

非处方药是指为方便公众用药，在保证用药安全的前提下，经国家卫生行政部门规定或审定后，不需要医师或其他医疗专业人员开写处方即可购买的药品。即一般公众凭自我判断，按照药品标签及使用说明就可自行使用。非处方药在美国又称为柜台发售药品（Over the Counter Drug），简称 OTC 药。这些药物大都用于多发病、常见病的自行诊治，如感冒、咳嗽、消化不良、头痛、发热等。为了保证人们健康，我国非处方药的包装标签、使用说明书中标注了警示语，明确规定药物的使用时间、疗程，可自行根据需要选购。

非处方药由处方药转变而来，是经过长期应用、确认有疗效、质量稳定、非医疗专业人员也能安全使用的药物。不过在非处方药中，还有更细的分类，红底白字的是甲类，绿底白字的是乙类。甲乙两类 OTC 虽然都可以在药店购买，但乙类非处方药安全性更高。乙类非处方药除了可以在药店出售外，还可以在超市、宾馆、百货商店等处销售。因此，服用非处方药一定不能随意，最好提前咨询医生。

任何药物都有毒副作用，只是程度不同而已。非处方药物较为安全，也是相对而言的。如果病因不明，病情不清，则以不用非处方药物为好。若用药后不见效或有病情加重迹象，甚至出现皮疹、瘙痒、高热、哮喘以及其他异常现象，应立即停药，去医院诊治。

非处方药规定实施后并非是一成不变的，每隔 3～5 年还要进行一次再评价，推陈出新，优胜劣汰，确保 OTC 的有效性和安全性。随着医药科技的发展，新药大量上市，对每一种 OTC 的认识也在不断深入，有的处方药不太可能成为非处方药，但经过改变剂型或减小规格剂量后也可能变成 OTC，也就是说把那些性能更优良，更安全有效的非处方药增补进去，淘汰一部分过时的非处方药，如目前世界 OTC 的主要类别有以下 6 种：解热镇痛药、镇咳抗感冒药、消化系统药、皮肤病用药、滋补药、维生素、微量元素及添加剂。而下列几类药物可能经转换后上市成为OTC：止喘药，口服避孕药，肌肉松弛药，心血管药（不包括钙拮抗剂）和抗感染药。我国第一批非处方药西药为23类165个品种，中成药有160个品种，但每个品种的药物都含有不同的剂型。表3-1为处方药和非处方药的区别。

表3-1 处方药和非处方药的区别

	处方药	非处方药
疾病类型	病情较重，需要医生确诊	小伤小病或解除症状
疾病诊断者	医生	患者自我认识或辨别
取药凭据	医生处方	不需处方
主要取药地点	医院药房，药店	药店（甲类）；超市（乙类）
剂量	较大	较小，剂量有限定
服药天数	长，医嘱指导	短，有限定
品牌保护方式	新药保护，专利保护期	品牌
宣传对象	医生	消费者
广告	不可上广告	批准后，可上大众媒介或广告

第二节 几类常用的化学药物

一、解热镇痛药

1. 阿司匹林。

阿司匹林是一种历史悠久的解热镇痛药,早在公元前五世纪,西方医学奠基人之一、最著名的医学专家希波克拉底,曾在医书中记载了一种从柳树皮中提取的苦涩粉末,这种粉末具有缓解疼痛和退烧的功效。在我国唐朝,人们发现用柳树皮汁液可以止痛或退烧。1829年,法国人第一次从柳树皮中提取出可以治病的有效活性物质——水杨酸;1853年,德国化学家柯尔柏合成水杨酸。水杨酸的解热、消炎和止痛效果很好,但其酸性较强,对胃黏膜产生强烈的刺激作用。为了克服水杨酸对肠胃的副作用,1897年德国化学家菲利克斯·霍夫曼又合成了乙酰水杨酸,并为他父亲治疗风湿关节炎,疗效极好。乙酰水杨酸即阿司匹林,其结构式如下:

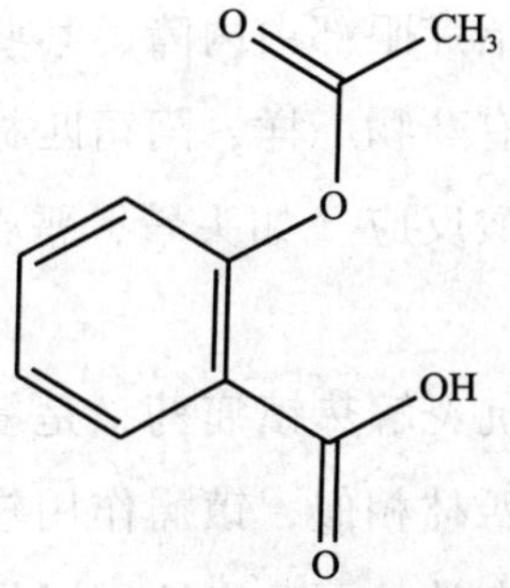

乙酰水杨酸

阿司匹林作为应用最广泛的解热镇痛药物,其作用机理是通过抑制体温调节中枢的前列腺素合成酶,使前列腺素的合成、释放减少,从而恢复体温调节中枢的正常反应性。它还能抑制导致痛觉的某些致敏物质、致炎物质的合成,从而具有镇痛、消炎的作用。阿司匹林抑制了胃黏膜前列腺素的合成，有利于恢复正常体温，但可能会造成胃部血流减少、缺血而造成胃溃疡。为了防止乙酰水杨酸的酸性刺激胃黏膜，药物化学家还制成了可溶性的乙酰水杨酸钠或乙酰水杨酸钙，以缓和这种刺激作用，这些制剂也称为阿司匹林。

为了提高阿司匹林的解热镇痛作用，药物化学家还配制成复方阿司匹林片，简称APC。APC中除了具有解热、镇痛、消炎作用的阿司匹林外，还含有非那西丁和咖啡因。非那西丁口服后分解出乙酰氨基酚，它同样具有解热、镇痛作用。一般发烧超过38.5℃的患者服用具有良好的疗效。

最近几十年来，人们发现阿司匹林对前列腺素的抑制作用除了可以减轻疼痛、消除炎症以及对胃部产生刺激以外，还会产生其他影响。例如，某些类型的前列腺素可使血液中的微粒（称作血小板）相互黏结，形成一个血块。通过抑制前列腺素的生成，阿司匹林会降低血块生成的速度。1979年，美国医学界确认阿司匹林可预防由于血凝块而造成的血栓、中风、心脏病，进而制成治疗心血管疾病的阿司匹林缓释片。通过起桥梁作用的乙二醇将阿司匹林连接在高聚物分子上，服用后在体内酶的作用下，逐步水解释放出阿司匹林，可以延长药效。

如今，研究人员一直不断进行研究，试图找出阿司匹林的其他用途。研究表明，阿司匹林可能有助于治疗眼部白内障、某些癌症、牙龈疾病以及孕期高血压等多种疾病。但是同所有药物一样，阿司匹林也并非完美无缺。如果长期服用，会出现胃肠道及水杨酸反应（如头晕、恶心、耳鸣等）和其他副作用。

2. 扑热息痛。

扑热息痛是最常用的非抗炎解热镇痛药，是复方阿司匹林（APC）的成分之一，它的解热作用与阿司匹林相似，镇痛作用较弱，对关节炎、风湿症、头痛和神经痛等轻、中度疼痛有效。无抗炎抗风湿作用，是乙酰苯胺类药物中最好的品种。特别适合于对阿司匹林过敏、不耐受或不适于应用阿司匹林的病例。扑热息痛在正常剂量下服用，对肝脏无损害，毒副作用也较小。扑热息痛的分子式如下：

扑热息痛

3. 布洛芬。

布洛芬又名异丁苯丙酸,为白色结晶性粉末,稍有特殊异味;易溶于乙醇等有机溶剂,几乎不溶于水,其结构式如下:

布洛芬

布洛芬是世界卫生组织、美国 FDA 唯一共同推荐的儿童退烧药,是公认的儿童首选抗炎药。它具有抗炎、镇痛、解热作用,适用于治疗风湿性关节炎、类风湿性关节炎、骨关节炎、强直性脊椎炎和神经炎等。

布洛芬的抗炎、解痛、退热的作用,远比阿司匹林和扑热息痛强,因而倍受消费者青睐。布洛芬在广泛进入家庭后,对解除患者的关节痛、神经痛、痛经及其他疾病引起的头痛,作出了巨大的贡献。据资料,布洛芬的销售量比同类解热镇痛药销售量多一倍左右。

目前为止，布洛芬的镇痛、消炎作用机制尚未完全明确，但研究发现，布洛芬有可能造成肾功损害的副作用。为此，专家们呼吁，布洛芬只能作为一般解热镇痛药偶尔服用，不可较长时期服用。体弱多病的老年者，尤其是心脏病患者或其他疾病已引塌肾血流量减少者，在使用布洛芬时，应慎之又慎，凡用量超过12片（2.4g）/周者，应在医师指导下用药，以免造成不必要的肾功能损害。

二、抗菌消炎药

抗菌消炎药是抑制或杀灭微生物的药物。自发现化学治疗剂以来，抗菌药发展很快，其中的抗生素类药物已经单独成一体系，下面简单介绍一下常用的磺胺类抗菌药和喹诺酮类抗菌药。

1. 磺胺类药物。

磺胺类药物是指具有对氨基苯磺酰胺结构的一类药物的总称，是一类用于预防和治疗细菌感染性疾病的化学治疗药物，其抗菌谱较广，对大多数革兰氏阳性菌以及革兰氏阴性菌有抑制作用。

临床常用的磺胺类药物都是以对位氨基苯磺酰胺（简称磺胺）为基本结构的衍生物。磺酰胺基上的氢，可被不同杂环取代，形成不同种类的磺胺药。它们与母体磺胺相比，具有效用高、毒性小、抗菌谱广、口服易吸收等优点。对位上的游离氨基是抗菌活性部分，若被取代，则失去抗菌作用。必须在体内分解后重新释出氨基，才能恢复活性。磺胺类药物结构如下：

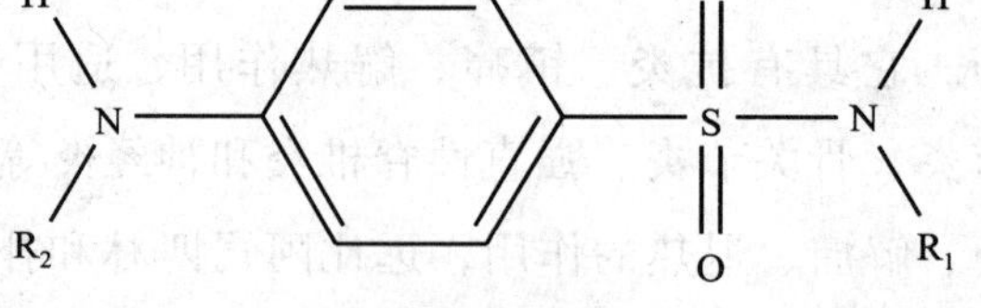

磺胺类药物结构

磺胺类药物在治疗细菌性感染的疾病（如肺炎、脑膜炎、猩红热、产褥热）过程中发挥了很大作用，经过几十年的临床应用，筛选出了十几种疗效好的药物，主要有磺胺嘧啶（SD）、磺胺甲氧基哒嗪（SMP）、新诺明（SM_2）等。

磺胺类药物虽然应用广泛，但与此同时，这类药物显著的毒副作用也引起了人们的广泛关注。例如：影响泌尿系统功能，引起结晶尿，血尿等反应及致癌性。尤其是随着各种抗生素及喹诺酮类药物的问世，部分磺胺药已被取代。

2. 喹诺酮类药物。

喹诺酮类药为人工合成的抗菌药，最早应用的如萘啶酸和吡哌酸，仅用于泌尿道和肠道感染，因疗效差、耐药性发展迅速，应用日趋减少。20 世纪 80 年代合成的 4－氟喹诺酮类如环丙沙星、氧氟沙星等由于具有广谱、口服有效、副作用较少、耐药性还未大量产生等优点，发展迅速，临床上广为使用。

氧氟沙星　氧氟沙星是一种重要的喹诺酮类抗菌药，为白色至微黄色结晶性粉末，味微苦，在水中或乙醇中溶解微弱，其化学结构式如下：

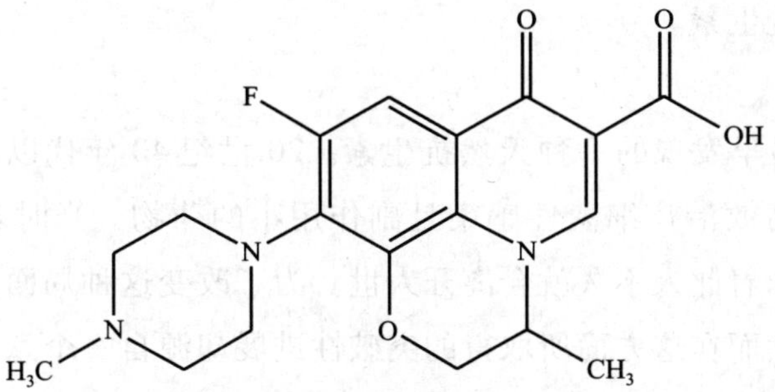

氧氟沙星

氧氟沙星具广谱抗菌作用，尤其对需氧革兰阴性杆菌的抗菌活性高。其杀菌机理是通过作用于细菌 DNA 螺旋酶的 A 亚单位，抑制 DNA 的合成和复制而导致细菌死亡。

氧氟沙星主要用于泌尿生殖系统感染，包括单纯性、复杂性尿路感染、细菌性前列腺炎、呼吸道感染及肺部感染，亦可用于骨和关节感染和皮肤软组织感染。氧氟沙星易和钙、镁、铝等金属离子反应，降低其抗菌性，因此，应避免和牛奶等含钙、铁等离子的食物同时服用，也不宜与含有铝、镁等离子的抗酸药同时服用。

三、抗生素

抗生素以前被称为抗菌素，事实上它不仅能杀灭细菌，而且对霉菌、支原体、衣原体、螺旋体、立克次氏体等其他致病微生物也有良好的抑制和杀灭作用，近年来通常将抗菌素改称为抗生素。抗生素可以是某些微生物生长繁殖过程中产生的一种物质，用于治病的抗生素除由此直接提取外；还有完全用人工合成或部分人工合成的。通俗地讲，抗生素就是用于治疗各种非病毒感染的药物。自1943年青霉素被应用于临床以来，现在抗生素的种类已达几千种。在临床上常用的亦有几百种。其主要是从微生物的培养液中提取或者用合成、半合成方法制造的。目前抗生素按化学结构来分，可以分为β-内酰胺类、四环素类、氯霉素及其衍生物、氨基糖苷类及大环内酯类等多个类别。以下简单介绍几种常用的抗生素。

1. 青霉素。

青霉素是最早发现的一种天然抗生素。20世纪40年代以前，人类一直未能掌握一种能高效治疗细菌性感染且副作用小的药物。当时若某人患了肺结核，那么就意味着此人不久就会离开人世。为了改变这种局面，科研人员进行了长期探索，然而在这方面所取得的突破性进展却源自一个意外发现。亚历山大·弗莱明由于一次幸运的过失而发现了青霉素。在1928年夏弗莱明外出度假时，把实验室里在培养皿中正生长着细菌这件事给忘了。3周后当他回实验室时，注意到一个与空气意外接触过的金黄色葡萄球菌培养皿中长出了一团青绿色霉菌。在用显微镜观察这只培养皿时弗莱明发现，霉菌周围的葡萄球菌菌落已被溶解。这意味着霉菌的某种分泌物能抑制葡萄球菌。此后的鉴定表明，上述霉菌为点青霉菌，因此弗莱明将其分泌的抑菌物质称为青霉素。然而遗憾的是弗莱明一直未能找到提取高纯度青霉素的方法，于是他将点青霉菌菌株一代代地培养，并于 1939 年将菌种提供给准备系统研究青霉素的澳大利亚病理学家弗洛里和生物化学家钱恩。通过一段时间的紧张实验，弗洛里、钱恩终于用冷冻干燥法提取了青霉素晶体。之后，弗洛里在一种甜瓜上发现了可供大量提取青霉素的霉菌，并用玉米粉调制出了相应的培养液。弗洛里和钱恩在 1940 年用青霉素重新做了实验。他们给 8 只小鼠注射了致死剂量的链球菌，然后给其中的 4 只用青霉素治疗。几个小时后，只有那 4 只用青霉素治疗过的小鼠还健康活着。"这真像一个奇迹！"弗洛里说道。此后一系列临床实验证实了青霉素对链球菌、白喉杆菌等多种细菌感染的疗效。

青霉素之所以能既杀死病菌，又不损害人体细胞，原因在于青霉素所含的青霉烷能使病菌细胞壁的合成发生障碍，导致病菌溶解死亡，而人和动物的细胞则没有细胞壁。在这些研究成果的推动下，美国制药企业于 1942 年开始对青霉素进行大批量生产。到了 1943 年，制药公司已经发明了批量生产青霉素的方法。当时英国和美国正在和纳粹德国交战。这种新的药物对控制伤口感染非常有效。到 1944 年，药物的供应已经足够治疗第二次世界大战期间所有参战的盟军士兵。1945 年，弗莱明、弗洛里和钱恩因"发现青霉素及其临床效用"而共同荣获了诺贝尔生理学或医学奖。

青霉素的研制成功大大增强了人类抵抗细菌性感染的能力，拯救了千百万肺炎、脑炎、败血症患者的生命。它也标志着抗生素家族的诞生。它的出现开创了用抗生素治疗疾病的新纪元，是 20 世纪医学的伟大奇迹。

青霉素是霉菌属的青霉菌所产生的一类抗生素的总称，天然的青霉素结构如下图所示，根据 R 基团的不同，共有七种。其中 G 青霉素（R 为苄基）效果最好，故又称苄基霉素。临床上使用的是苄基霉素的钾盐或钠盐，以增强其水溶性。钾盐或钠盐的水溶液在室温下极不稳定，容易分解。一般是制成粉剂供注射用，注射前用水溶解后立即使用。青霉素的基本结构如下：

青霉素的基本结构

青霉素是一种高效、低毒、临床应用广泛的重要抗生素。主要用于治疗革兰氏阳性菌所引起的全身或严重的局部感染,但是青霉素会使个别人发生过敏反应,所以在应用前必须做皮试。为了克服其缺点,人们对青霉素进行结构上的修饰,找到效果好、可口服、耐酶的半合成青霉素。

2. 阿莫西林。

阿莫西林是目前应用较广泛的半合成青霉素,又称羟氨苄青霉素,为白色结晶性粉末,味微苦,微溶于水,不溶于乙醇。其结构中含有酸性的羧基和酚羟基,其结构式如下:

阿莫西林

阿莫西林为广谱抗菌药,对革兰氏阳性菌和阴性菌均有作用。其主要用于肠球菌、痢疾杆菌、伤寒杆菌、流感杆菌等引起的感染,如呼吸道感染、心内膜炎、脑膜炎、败血症和伤寒等,口服的吸收效果较好。

第三节　科学合理用药

药物虽然能够治疗疾病，使人恢复健康。不过，是药三分毒，如果不能科学合理地用药，不但不能起到防、治疾病的功效，反而延误病情，损害身体健康。因此，患者用药需要遵循科学合理的用药方法，方能达到事半功倍的疗效。

一、药物的选择

选择合适的药物是合理用药的前提。在选择用药时，必须考虑以下几点：（1）是否有用药的必要。在可用可不用的情况下无需用药。（2）若必须用药，就应考虑疗效问题。为尽快治愈伤病，在可供选择的同类药物中，应首选疗效最好的药。（3）药物疗效与药物不良反应的轻重权衡。大多数药物都或多或少地有一些与治疗目的无关的副作用或其他不良反应，以及产生耐药性、成瘾性等。一般来说，应尽可能选择对病人有益无害或益多害少的药物，因此在用药时必须严格掌握药物的适应症，防止滥用药物。（4）联合用药问题。联合用药可能使原有药物作用增加，称为协同作用；也可能使原有药物作用减弱，称为拮抗作用。提高治疗效应，减弱毒副反应是联合用药的目的，反之，治疗效应降低，毒副反应加大，是联合用药不当所致，会对患者产生有害反应。

不同的疾病可能出现相同的症状。要根据具体病因合理选择药物。例如，腹泻可能是由细菌感染造成的，这时候要用抗生素治疗。如果是由于消化不良、肠胃功能紊乱等原因造成的，就必须服用调整腹脏功能的相关药物。另外，选择药物要注意标本兼治，如发热是多种疾病的症状，只采用退热药而不查明是什么原因是不科学的，单纯的退热、止吐等，有可能会延误诊断、加重病情。

因此，患病时应根据检查结果，在医生的指导下选择药物。在购买非处方药（OTC）时，应仔细阅读说明书，充分了解药物的适应症、不良反应和用药禁忌，挑选安全、有效的药物。

二、严格控制用药剂量

同一种药物在不同剂量下可能产生不同的效果。例如,砒霜是毒药,但中医却用极少量的砒霜来治病。又如,阿司匹林在通常剂量下,能有效抑制血小板的聚集,防止血栓的形成。但当剂量超过1g是却有相反的作用。因此,严格控制用药剂量是非常重要的。

为保证用药安全、有效,通常采用最小有效量与达到最大治疗作用但尚未引起毒性反应的剂量之间的那一部分剂量作为常用量。临床所规定的常用量一般是指成人(18~60岁)的平均剂量,但对药物的反应因人而异。年龄、性别、营养状况、遗传因素等对用药剂量都有影响。小儿所需剂量较小,一般可根据年龄、体重等按成人剂量折算,公式为:

$$儿童剂量 = 成人剂量 \times 儿童体重(千克)/50(千克)$$

老年人因肝肾功能衰退,使药物的代谢、排泄能力下降,致使药物在体内停留时间延长,易产生不良反应,故老人的药物可按成人剂量酌减。60~80岁的老年人用药量一般应减为成人剂量的2/3,80岁以上的老年人一般为成人剂量的1/2。另外,对于体弱、营养差、肝肾功能不全者用药量也应相应减少。

三、正确选择服药时间

吃药可不是像吃零食那样简单,正确的服药能够促进药物的吸收,更快地使身体痊愈。所以,许多药物餐前、餐后服用的效果大不一样。

饭前服用的药物。保护胃黏膜的药物和胃肠动力药都适合在饭前30分钟服用,如常见的多潘西酮片(吗丁啉)、磷酸铝等。对于一些药物,食物能够影响其吸收,如阿莫西林、左氧氟沙星等,应该空腹服用,这样服药后能充分吸收,可使药物保持有效浓度,迅速发挥药效。抑酸药需要空腹服用,即餐前1小时或餐后2小时服用。

饭中服用的药物。促进消化的药物应在餐时服用,如复方消化酶、胃蛋白酶、淀粉酶等。这些药与食物混合可以充分发挥帮助消化的作用。大部分的调血脂药物,也应该在饭中服用。另外,双胍类降糖药,如二甲双胍等,宜餐中服用。这是因为二甲双胍可能引起胃部不适，如果在每餐饭的中间或在餐后立刻服药，可以减弱药物对胃部的刺激，减少副作用。

饭后服用的药物。药物说明书中没有特殊注明的，一般都可在餐后吃。但对肠胃刺激较大的药物，如芬必得、保泰松、消炎痛等以及补血药铁制剂应该餐后立即吃，以免产生不适症状。维生素都应当在吃饭中间或饭后服用。这是因为维生素 B1、维生素 B2、维生素 C 等，口服后主要经小肠吸收，若在空腹或饭前服用，会很快通过胃、肠，无法被充分吸收，起不到应有的作用。

用药间隔。大部分药品说明书或标签上，药品的用法都是标明一日服几次。据此，人们"约定俗成"地都把一日服用 3 次的药物在早、中、晚餐前后服用，这样，本应 24 小时服用的药物实际上 12 小时就服完了，另外 12 小时则无药可服。这就造成白天血药浓度高，夜晚血药浓度低的不均衡现象。对于那些需要维持体内平稳浓度才能发挥作用的药物来说，这样的服药方法是不可取的。科学的提法应该是"用药间隔"。

比如，抗菌药物在体内需要保持相对平稳、最好是在最低抑菌浓度之上的血浓度，而不是白天高、夜晚低，那样容易给病菌以苟延残喘的机会。

一般来说，半衰期长的药物给药间隔较长，反之，半衰期短的药物给药间隔也相对较短。但临床上并不简单按半衰期给药。青霉素类、头孢菌素类等 β - 内酰胺类抗生素为时间依赖性抗生素，其杀菌作用取决于血药浓度超过常见致病菌最低抑菌浓度（Minimal Inhibition Concentration，MIC）的时间长短。因此，该类药物的日剂量通常应分次给药，使血药浓度超过致病菌 MIC 的时间尽量长。而氨基糖苷类、氟喹诺酮类等为浓度依赖性抗菌药，其杀菌作用取决于血药浓度的高低，血药浓度越高，其杀菌作用越强。因此，该类药物的日剂量可一次或分 2 次给药。

为有效控制感染，应尽快使药物达到有效血药浓度。对于估计在 12 小时仍不能达到有效稳态血药浓度的药物，如磺胺类药物，就需给予首次负荷剂量，即加倍剂量给药。

再如平喘药茶碱、氨茶碱等也需要保持相对平稳的血浓度，以使病人呼吸顺畅。如果晚上血茶碱浓度过低，患者夜晚就特别难受。

当然，也不是所有药物都严格要求匀速给药。有些药物的半衰期很长，一天只需服药1次，人们往往固定在早晨或晚上服药，对这样的药物不需要特别苛求。比如多潘立酮（吗丁啉），是一种促胃动力药，夜晚人们不进食，胃自然不需要动力，因此多潘立酮（吗丁啉）只需要在白天这个时间区内给药就可以了。

还有一些非治疗药物，例如保健用的药品，早一点晚一点服用不会有很大问题，也不需要严格控制给药时间。

实验三 阿司匹林的制备

一、实验目的

1. 通过制备药物阿司匹林，掌握用有机化学制备药物的基本方法；
2. 学会重结晶等基本操作；
3. 进一步了解阿司匹林的化学性质及用途。

二、实验原理

阿司匹林，学名乙酰水杨酸，是一种使用广泛的解热镇痛药物，纯品为白色针状或片状晶体，溶解于37℃水中，口服后在肠内开始分解为水杨酸。

本实验以水杨酸和乙酸酐为原料，在酸催化下酰基化反应制得乙酰水杨酸，通过溶解，过滤，结晶，重结晶等纯化得到阿司匹林产品。

反应的化学方程式为：

$$\text{水杨酸} + (\text{CH}_3\text{CO})_2\text{O} \xrightarrow{\text{浓硫酸或磷酸}} \text{乙酰水杨酸} + \text{CH}_3\text{COOH}$$

在反应过程中会形成聚合物，利用阿司匹林和碳酸氢钠反应形成水溶性的钠盐，可与聚合物分离。通过过滤将聚合物除去，加酸酸化得到阿司匹林，再重结晶纯化。

水杨酸含有酚基，能与稀三氯化铁溶液反应，产生深紫色的溶液。纯净的阿司匹林不会产生紫色。所以通过对未反应的水杨酸的点滴试验，很容易检测产物的纯度。

产品可通过熔点，红外，核磁共振和液相色谱等鉴定。

三、仪器和药品

仪器：恒温水浴槽，搅拌器，温度计，冷凝管，三口瓶，烧杯，量筒，天平，砂芯漏斗，过滤瓶，试管。

药品：水杨酸，乙酸酐，浓磷酸，饱和碳酸氢钠溶液，18%盐酸溶液，无水乙醇，100g/L 三氯化铁溶液。

四、实验装置图

实验装置图，如图 3-1 所示。

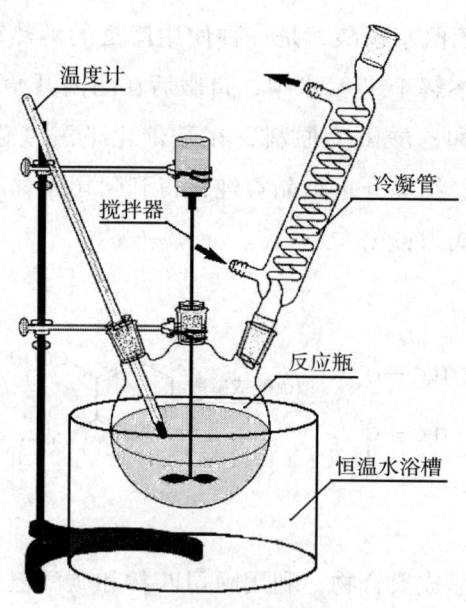

图 3-1　实验装置图

五、实验步骤

1. 粗产品制备。

（1）开启水浴恒温槽的电源，使水浴温度控制在 60℃。

(2) 在三口瓶中加入 5g 水杨酸，14mL 乙酸酐，1.8mL 浓磷酸，按图的实验装置安装好。

(3) 在 60℃ 的水浴中，搅拌，反应 15min，取出，冷却至室温，在瓶中加入 70mL 水，继续搅拌 5min，再放在冷水浴中静置 5~10min，加入冰块，在冰水浴中静置 10~20min，充分冷却，直至结晶完全，真空抽滤，用少量冰水洗涤二次。

(4) 将晶体放在 250mL 烧杯中，并加入 70mL 饱和碳酸氢钠溶液，搅拌到无二氧化碳放出为止。真空抽滤除去聚合物固体。

(5) 将滤液放在 250mL 烧杯中，边搅拌边慢慢滴入 18% 的盐酸溶液，直至 pH 为 1.5 时．烧杯放入冰水浴中冷却，直至结晶完全。真空抽滤，用少量冰水洗涤二次，得粗产品。

2. 重结晶。

粗产品放入 150mL 烧杯中，加入 20mL 无水乙醇，搅拌，缓慢加热，直至晶体溶解，再加入 40mL 水，在室温中静置，再放入冰水浴中冷却，直至结晶完全。真空抽滤，用少量无水乙醇-水（1∶2，体积比）溶液洗涤，烘干，得产品。称量，计算产率。

3. 产物分析。

在两支试管中分别加入 0.05g 水杨酸和本实验制得的阿司匹林，再加入 1mL 乙醇使晶体溶解，然后在每支试管中加入几滴 100g/L 三氯化铁溶液，观察结果并加以对照，以确定产物中是否有水杨酸存在。

六、实验说明及注意事项

1. 反应温度不宜过高，本实验控制 60℃ 的水浴加热，温度过高会增加副产物的生成，如水杨酰水杨酸酯、乙酰水杨酰水杨酸酯等。

2. 重结晶时，其溶液不能加热太久，亦不能用高沸点溶剂，否则会造成乙酰水杨酸的部分分解。

实验四　药用氯化钠的提纯与检验

一、实验目的

1. 学习药用氯化钠提纯的原理和 Ca^{2+}、Mg^{2+}、SO_4^{2-} 的鉴定方法。
2. 掌握过滤、转移、蒸发浓缩和减压过滤的基本操作。
3. 掌握 Ca^{2+}、Mg^{2+}、SO_4^{2-} 离子定性鉴定的简单方法。

二、实验原理

粗食盐中含有泥沙等不溶性杂质和 Ca^{2+}、Mg^{2+}、K^+、I^-、Br^-、SO_4^{2-} 等构成的卤化物、硫酸盐可溶性杂质。不溶性杂质可通过过滤除去；可溶性杂质可采用化学法，即加入某些化学试剂，使之转化为沉淀后滤除。具体方法如下：

1. 将粗食盐溶于水，向其中加入稍过量的 $BaCl_2$ 溶液，使溶液中的 SO_4^{2-} 转化为 $BaSO_4$ 沉淀，过滤除去 $BaSO_4$ 和其他不溶性的杂质。

$$Ba^{2+} + SO_4^{2-} \rightarrow BaSO_4 \downarrow （白色）$$

2. 在滤液中依次加入适量的 $NaOH$ 和 Na_2CO_3 溶液，使溶液中的 Ca^{2+}、Mg^{2+} 以及过量的 Ba^{2+} 转化为沉淀，过滤，除去沉淀。

$$Mg^{2+} + 2OH^- \rightarrow Mg(OH)_2 \downarrow （白色）$$
$$Ca^{2+} + CO_3^{2-} \rightarrow CaCO_3 \downarrow （白色）$$
$$Ba^{2+} + CO_3^{2-} \rightarrow BaCO_3 \downarrow （白色）$$

3. 在滤液中加入适量盐酸，中和溶液中过量的 OH^- 和 CO_3^{2-}，使溶液呈微酸性。

$$H^+ + OH^- \rightarrow H_2O$$
$$2H^+ + CO_3^{2-} \rightarrow H_2O + CO_2 \uparrow$$

4. 少量 KBr、KI 等可溶性杂质因含量少溶解度较大，在 $NaCl$ 结晶过程中仍留在母液中而被除掉。少量多余的盐酸，在干燥 NaCl 时，会以 HCl 的形式逸出。

三、实验仪器与试剂

仪器：托盘天平，蒸发皿（125mm），烧杯（100mL）2 个，量筒（15mL），普通漏斗，水循环真空泵，布氏漏斗，吸滤瓶，试管 6 支，酒精灯，试管架，漏斗架。

试剂：粗食盐，$1.0\text{mol}\cdot\text{L}^{-1}$ $BaCl_2$，$NaOH-Na_2CO_3$（$2.0\text{mol}\cdot\text{L}^{-1}$ NaOH 溶液与饱和 Na_2CO_3 溶液等体积混合）溶液，$2.0\text{mol}\cdot\text{L}^{-1}$ NaOH，$6.0\text{mol}\cdot\text{L}^{-1}$ HCl，镁试剂，饱和 $(NH_4)_2C_2O_4$ 溶液。

材料：广泛 pH 试纸，火柴，称量纸，定性滤纸，石棉网，玻璃棒。

四、实验步骤

1. 粗食盐的提纯。

（1）粗盐的溶解：用托盘天平称取 5.0g 研细的粗食盐放入 100mL 的烧杯中，加入 20mL 蒸馏水，加热，搅拌使其溶解。

（2）除 Ca^{2+}、Mg^{2+}。

继续加热溶解的粗盐溶液至近沸腾，在不断搅拌下滴加 $1.0\text{mol}\cdot\text{L}^{-1}$ $BaCl_2$ 溶液约 1mL，继续加热 5 分钟，使沉淀颗粒长大易于过滤。然后将烧杯取下，待固液分层后，沿烧杯壁在上清液中滴加 2~3 滴 $1.0\text{mol}\cdot\text{L}^{-1}$ $BaCl_2$ 溶液，如果无浑浊，表明 SO_4^{2-} 已沉淀完全。如果有浑浊出现，应继续加热溶液并继续滴加 $BaCl_2$ 溶液，直至 SO_4^{2-} 沉淀完全为止。常压过滤，弃去沉淀。

（3）除 Ca^{2+}、Mg^{2+}、Ba^{2+} 等阳离子。

将所得滤液加热近沸，边搅拌边滴加 $NaOH-Na_2CO_3$ 混合溶液至溶液的 pH 约为 11。常压过滤，弃去沉淀。

（4）用 HCl 溶液调整酸度除去剩余的 CO_3^{2-}。

向滤液中逐滴加入 $6.0\text{mol}\cdot\text{L}^{-1}$ HCl 溶液，直至溶液的 pH 为 5~6（用 pH

试纸检验）。

（5）浓缩、结晶。

将溶液倒入蒸发皿中，用小火加热蒸发，浓缩溶液至原体积的1/4，冷却结晶，减压抽滤，用少量蒸馏水洗涤晶体，抽干。将NaCl晶体移入蒸发皿中，放在石棉网上，在玻璃棒不断搅拌下，用小火烘干。冷却后称量，计算产率。

2. 产品纯度检验。

称取研细的粗食盐和产品各0.5g，分别溶于5mL蒸馏水中，再各分为三等份盛在6支试管中，用下面的方法进行定性检验。

SO_4^{2-}离子的检验：向分别盛有粗食盐和产品溶液的2支试管中各滴加2滴$1.0mol \cdot L^{-1}$ $BaCl_2$溶液，观察现象。

Ca^{2+}离子的检验：向分别盛有粗食盐和产品溶液的2支试管中各滴加2滴饱和$(NH_4)_2C_2O_4$溶液，观察现象。

Mg^{2+}离子的检验：向分别盛有粗食盐和产品溶液的2支试管中各滴加5滴$2.0mol \cdot L^{-1}$ NaOH溶液和2滴镁试剂，观察有无天蓝色沉淀生成。

五、实验思考

1. 在除去Ca^{2+}、Mg^{2+}、SO_4^{2-}时，为什么要先加入$BaCl_2$溶液，然后再加入Na_2CO_3溶液和NaOH溶液？

2. 为什么要向溶液中滴加盐酸并使之呈微酸性？

3. 在结晶浓缩时，为什么不能把结晶物蒸干？

注：镁试剂为对硝基苯偶氮间苯二酚，其结构式为：

镁试剂在碱性溶液中呈红色或紫红色，被$Mg(OH)_2$吸附后呈现天蓝色。

注：$BaCl_2$溶液有毒！勿接触皮肤和入口。

第四章 饮料与化学

第一节 饮料的分类

饮料是指以水为基本原料,有不同的配方和工艺生产出来,供人们直接饮用的液体食品,尤指用来解渴、提供营养或提神的液体。

一般按是否含酒精可分为含酒精饮料和无酒精饮料两大类。

酒精饮料指供人们饮用且乙醇(酒精)含量在0.5%~65%(体积比)的饮料。包括各种发酵酒、蒸馏酒及配制酒。

无酒精饮料又称软饮料是指酒精含量小于0.5%(体积比),以补充人体水分为主要目的的流质食品。

一、酒精饮料

通常可按乙醇含量(酒的度数表示酒中含乙醇的体积百分比,通常是以20℃时的体积比表示的,如50°的酒,表示在100mL的酒中,含有乙醇50mL)分为烈性酒(35°以上)和低度酒(25°以下)两大类。

酒的主要作用有:

(1) 刺激作用,加速血液循环,有温热感;

(2) 药用功效,如减轻疼痛、促进睡眠和镇静作用;

(3) 调味和营养作用,如去腥(溶出其成分并助其挥发)、赋香(与各种有机酸作用生成酯)、助消化(酵母、维生素及溶解其他食物中的营养素)以及增进欢乐气氛,营造平和安详的快感等。

1. 烈性酒。

均为蒸馏酒以保证足够高的乙醇含量,其中最高者为美国的"永不醉"酒,含乙醇95%。

中国名酒主要有:贵州茅台、山西汾酒、四川五粮液、陕西西凤酒、江苏洋河大曲。还有,如四川的剑南春、泸州大曲,安徽的古井贡酒,贵州的董酒,江苏的双沟,北京的二锅头等等。

外国名酒主要有爱尔兰的威士忌(Whisky,意指"生命之水")、俄国的伏特加、法国的白兰地、美国的杜松子等等。

2. 低度酒。

主要有葡萄酒及各种果酒、啤酒、甜酒。

葡萄酒和各种果酒品种极多,主要有法国的波尔多葡萄酒、美国的香槟酒、意大利红葡萄酒、希腊的树脂酒、中国的丁香葡萄酒。

啤酒是一种主要由大麦为原料制成的在其泡沫中富含蛋白质和有机酸的发酵饮料(乙醇含量通常为2%~8%),俗称"液体面包",营养丰富。驰名于世的啤酒主要有国产青岛啤酒、德国白啤酒、美国黑啤酒、日本清酒(又称稻米酒,酒精含量达14%~16%,相当于葡萄酒,超过大多数啤酒)。

甜酒是以糯米或其他糖源为原料制成的,含糖、有机酸、蛋白质、维生素、酵素、香料以及药料的甜味饮料(乙醇含量通常不超过10%),富有营养,适于易醉酒者饮用。我国此类名产甚多,主要有浙江绍兴的黄酒、福建龙岩的沉缸酒、蜜酒。

二、无酒精饮料

1. 碳酸类饮料。

碳酸类饮料是指在一定条件下充入二氧化碳气体的饮料,包括碳酸饮料、充气运动饮料等,但不包括由发酵法自身产生二氧化碳气的饮料。成品中二氧化碳的含量(20℃时体积倍数)不低于2.0倍。碳酸饮料主要成分为糖、色素、甜味剂、酸味剂、香料及碳酸水等。如可口可乐、百事可乐、雪碧、七喜、芬达等等。

2. 果蔬汁饮料。

用新鲜或冷藏水果和蔬菜（包括可食的根、茎、叶、花、果实，食用菌、食用藻类及蕨类）等为原料制成各种果汁、鲜榨汁、蔬菜汁、果蔬混合汁等。如美汁源康师傅酸梅汤、九龙斋酸梅汤、汇源100%、中粮悦活果汁、娃哈哈营养果粒、华旗山楂果茶、农夫系列果汁等等。

3. 功能饮料。

功能饮料指含各种营养要素的饮品，满足人体特殊需求。如加多宝王老吉、乐百氏脉动、宝矿力水特、雀巢丝滑拿铁、激活、日加满、力保健、红牛、佳得乐等等。

4. 茶饮料。

浸泡茶叶，经抽提、过滤、澄清等工艺制成的茶汤或在茶汤中加入水、糖液、酸叶剂、食用香精、果汁或植（谷）物抽提液等调制加工而成茶汤饮料、果汁茶饮料、果味茶饮料、其他茶饮料等。如康师傅冰红茶、康师傅绿茶、统一绿茶、统一冰红茶、雀巢原叶红茶绿茶、娃哈哈蓝莓冰红茶、今麦郎冰红茶等等。

5. 咖啡。

咖啡是由咖啡豆磨制成粉、用热水冲泡而成的饮品。其味苦，却有一种特殊的香气，是西方人的主要饮料之一。有知名品牌：高乐雅咖啡、象粪咖啡、麝香猫咖啡、蓝山咖啡、阿里山玛翡咖啡、图兰朵音乐咖啡、摩卡（Mocha）、苏门答腊曼特宁、夏威夷科纳、巴西咖啡、哥伦比亚特级、肯尼亚AA、哈拉尔咖啡、危地马拉安提瓜、波多黎各尧科等。

6. 乳饮品

乳饮品指以鲜乳或乳制品为原料，加入水、糖液、酸味剂等调制而成。如养乐多、露露杏仁露、味全原味优酸乳、椰树椰汁、美之源颗粒奶优、营养快线、娃哈哈爽歪歪、小洋人妙恋、汇源酸牛奶乳饮料、达利园冰糖花生牛奶等等。

第二节 几种常见饮料中的成分与人体健康

一、碳酸饮料

碳酸饮料是在液体饮料中充入二氧化碳做成的,其主要成分为糖、色素、香料等,除热量外,没有任何营养。

碳酸饮料是人们日常生活中必不可少的食品。在炎热夏季,人们常用来消暑解热,在餐桌上也是必备之品。因它们口感甜美而深受大众欢迎。碳酸饮料含有大量的糖分、防腐剂、色素、香精,还含有极少量的维生素、矿物质,并且含有碳酸、磷酸等化学成分。它的最主要成分是水,饮用后可补充身体因运动和进行生命活动所消耗掉的水分和一部分糖、矿物质,对维持体内的水液电解质平衡有一定作用。

但是碳酸饮料的三种成分严重影响人体健康:

1. 二氧化碳过多影响消化。

别看碳酸饮料的口味儿多样,但里面的主要成分都是二氧化碳,所以你喝起来才会觉得很爽、很刺激。足量的二氧化碳在饮料中能起到杀菌、抑菌的作用,还能通过蒸发带走体内热量,起到降温作用。不过,如果碳酸饮料喝得太多对肠胃是没有好处的,而且还会影响消化。因为大量的二氧化碳在抑制饮料中细菌的同时,对人体内的有益菌也会产生抑制作用,所以消化系统就会受到破坏。特别是年轻人,喜欢喝汽水、喜欢汽儿带来的刺激,但一下喝太多,释放出的二氧化碳很容易引起腹胀,影响食欲,甚至造成肠胃功能紊乱。

2. 大量糖分有损牙齿健康。

除了含有让人清爽、刺激的二氧化碳汽儿,碳酸饮料的甜香也是吸引人们饮用的重要原因,这种浓浓的甜味儿来自甜味剂,也就是饮料含糖量太多。饮料中过多的糖分被人体吸收,就会产生大量热量,长期饮用非常容易引起肥胖。最重要的是,它会给肾脏带来很大的负担,这也是引起糖尿病的隐患之一。所以本身就患有糖尿病的人,尽量不要饮用。另外,很多青少年,尤其是小孩子特别偏爱这种甜味。这种糖分对孩子们的牙齿发育很不利，特别容易被腐损。有调查显示，12岁的孩子，齿质腐损的几率会增加59%，而14岁孩子齿质腐损的几率会增加220%。也许有人会因此而选择无糖型的碳酸饮料，但这些饮料的酸性仍然很强，同样可能导致齿质腐损。

3. 磷酸导致骨质疏松。

如果你仔细注意一下碳酸饮料的成分，尤其是可乐，不难发现，大部分都含有磷酸。通常人们都不会在意，但这种磷酸却会潜移默化地影响你的骨骼，常喝碳酸饮料骨骼健康就会受到威胁。人体对各种元素都是有要求的，大量磷酸的摄入就会影响钙的吸收，引起钙、磷比例失调。一旦钙缺失，对于处在生长过程中的青少年身体发育损害非常大。缺钙无疑意味着骨骼发育缓慢、骨质疏松，所以有资料显示，经常大量喝碳酸饮料的青少年发生骨折的危险是其他青少年的3倍。专家建议，饮用和选购碳酸饮料的时候都要谨慎，更不要长期大量饮用。

而一些含有咖啡因的碳酸饮料，可乐最有代表性，虽然具有提神的作用，但一般适合成年人偶尔感觉疲劳、精神不济的时候喝，不太适合儿童。

对于低热量型的碳酸饮料，因为热量比较低，而且糖分少，所以比较适合糖尿病患者，或是对糖和热量摄入有特殊限量要求的人。

此外，在选择碳酸饮料的时候，尤其在夏秋季要选购近期生产的产品，购买时要尽量选择罐体坚硬不易变形的产品，因为喝不完的饮料，其中的二氧化碳在存放过程会溢出，再次饮用时就会影响口感，容易滋生细菌。特别要提醒您的是，购买碳酸饮料一定要到正规销售场所购买知名品牌的产品。

二、果蔬汁饮料

很多人会认为果汁饮料和果汁含义差不多，若要是让我们来理解，配料表就是果汁、水、白砂糖、顶多再加点山梨酸钾等调和酸甜味道的添加剂。其实则不然，果汁饮料里含果汁不超过20%，通常都在10%，甚至更低，本质上就是水和糖，为了增加果香而添加了很多水果香精；为了颜色更好看，而添加了色素；为了可以达到人们味觉上的酸甜合适度，就要添加很多糖分，少则

10%左右，甚至更高。不管是糖分过多，还是香精色素过多，都会给人体带来太多的不良影响，比如肥胖，影响智力等。

人们在饮用果汁饮料时总会存在很多误区，列举如下：

误区一：喝果汁可以代替吃水果。

新鲜的果汁的确是最接近鲜水果的东西了，但喝果汁并不能代替吃水果。当水果压榨成果汁时，果肉和膜被去除了，在这个过程中，维生素C也会减少；水果中的植物纤维也是有益健康的，但在榨汁时，这些植物纤维也被剔除；果汁类饮料通常要经过高温消毒处理，不少营养成分也因此失去；在果汁生产的过程中有一些添加物是必然要影响到果汁的营养质量的，像甜味剂、防腐剂、使果汁清亮的凝固剂、防止果汁变色的添加剂等。

误区二：果汁类饮料可以代替白开水。

果汁类饮料中，或多或少会加入添加剂，如大量饮用，会对胃产生不良刺激，还会增加肾脏过滤的负担。

误区三：果汁喝得越多越好。

由于果汁中大量的糖不能为人体吸收利用，而是从肾脏排出，长期过量饮用，可能导致肾脏病变，产生一种称作"果汁尿"的病症。另外，过多摄入果糖会引起消化不良和酸中毒现象。

误区四：药物和果汁同服。

果汁中含有大量维生素C，呈酸性，如将一些不耐酸的或碱性的药物与果汁同服，不仅会降低药效，还会引起不良反应。如磺胺药与果汁同服，会加重肾脏的负担，对患者健康不利。

三、功能饮料

功能饮料包括营养素饮料、运动饮料和其他特殊用途饮料三类。所谓营养素饮料是指人体日常活动所需的营养成分，这种饮料以脉动为代表，而运动饮料含有的电解质能很好地平衡人体的体液，以劲跑、维体等为代表；特殊用途饮料市场主流的主要就是以红牛为代表的能量饮料，主要作用为抗疲劳和补充能量。

大多数功能饮料中都添加了牛磺酸、赖氨酸、咖啡因等。

（1）牛磺酸：属于人体必需氨基酸之一，参与糖代谢的调节，加速糖酵解；能增强心肌收缩力，增加血液输出，同时防止心肌损伤；能保护肝脏。对于维持运动能力牛磺酸是必需的，加强补给可使运动能力和抗运动性疲劳能力进一步增加。

（2）赖氨酸：属于蛋白质的重要组成部分和人体必需氨基酸之一，可以调节人体代谢平衡；能提高钙的吸收以及在体内的积累，加速骨骼生长；有促进生长发育、增加食欲、减少疾病和增强体质的作用。

（3）咖啡因：直接作用于中枢神经，促使思维变得敏捷清晰；能减少疲劳；能促进代谢；能刺激肝脏释放肝糖原以增加体内能量；促使血液中肾上腺素明显增加，从而加快心率，增加血流量，提高氧输送能力，促使三羧酸循环得以顺利进行，保证能量不断得到补充。虽然功能饮料在一定程度上有保健作用，如提神、抗疲劳、缓解压力等，但如过多饮用，则对健康无益。

运动医学专家艾华博士指出，由于一些功能饮料中含有咖啡因等刺激中枢神经的成分，对于儿童来讲应该慎用。而普通成年人对功能饮料虽然可以不受限制地饮用，但也要注意一些特殊情况。比如，运动饮料适合在强烈运动、人体大量流汗后饮用，其中的电解质和维生素可以迅速补充人体机能。但这类饮料并不适合在没有运动的情况下饮用，因为其中所含的钠元素会增加机体负担，引起心脏负荷加大、血压升高，因此，血压高的人群应当注意选择。

四、茶饮料

茶饮料含有咖啡碱及茶多酚等多种成分，是较健康的饮品。茶可提供茶多酚等抗氧化物质及某些微营养素，具有防癌抗癌、降低心血管疾病风险、增加骨密度、减少蛀牙和龋齿及肾结石的作用。

我国是世界上最早种茶、制茶和饮茶的国家。远古时神农"尝百草之滋味，一日而遇七十毒"相传是用茶解毒。茶叶被当成了药材，后来人们认识到茶可以作为清热解渴、提神益思的饮料。汉代已把茶作为饮料。

茶叶中和人体健康关系密切的组分，主要有以下几类：

1. 咖啡碱。

咖啡碱也叫咖啡因,是茶叶中一种含量很高的生物碱,一般量为2%~5%。每杯150mL的茶汤中含有40mg左右咖啡碱。分子式是$C_8H_{10}N_4O_2 \cdot H_2O$,是白色粉末,纯粹的茶碱是白色针状结晶体,有苦味,能够溶解于热水,不易溶于冷水中,所以开水不热,茶叶是泡不下来的。茶碱能够兴奋大脑,使思想灵敏,医药上用它作兴奋、强心、利尿的药剂。它还能够解吗啡或酒精的毒,所以酒醉的人要喝浓茶。

2. 多酚类化合物。

可溶性的多酚类化合物在红茶中的含量约为干重的10%~20%,它主要由儿茶素类、黄酮类化合物、花青素和酚酸组成,以儿茶素类化合物含量最高,约占茶多酚总量的70%。它们具有防止血管硬化、防止动脉粥样硬化、降血脂、消炎抑菌、防辐射、抗癌、抗突变等多种功效。

3. 维生素类。

茶叶中含有丰富的维生素类,其含量占干物质总量的0.6%~1%。茶叶中维生素B1含量比蔬菜高,维生素B1能维持神经、心脏和消化系统的正常功能。维生素B2的含量约每100g干茶10~20mg,每天饮用5杯茶即可满足人体每天需要量的5%~7%,它可以增进皮肤的弹性和维持视网膜的正常功能。叶酸在茶叶(维生素B11)含量很高,每天饮用5杯茶汤即可满足人体需要量的6%~13%。它参与人体核苷酸生物合成和脂肪代谢功能。茶叶中维生素C含量很高,高级绿茶中维生素C的含量可高达0.5%,维生素C能防治坏血病,增加机体的抵抗力,促进创口愈合。茶叶中维生素E(生育酚)的含量约为茶叶干重的300~800ppm,主要存在于脂质组分中。维生素E是一种抗氧化剂,可以阻止人体中脂质的过氧化过程,因此具有抗衰老的效应。

4. 矿物质元素。

茶叶中含有多种矿物质元素,如磷、钾、钙、镁、锰、铝、硫等。这些矿质元素中的大多数对人体健康是有益的,茶叶中的氟素含量很高,平均为100ppm~200ppm左右,远高于其他植物,氟素对预防龋齿和防治老年骨质疏松有明显效果。局部地区茶叶中的硒素含量很高,如我国湖北思施地区的茶叶中硒素含量最高可达 3.8ppm。硒对人体具有抗癌功效，它的缺乏会引起某些地方病，如克山病的发生。

5. 氨基酸。

茶叶中的氨基酸种类已报道有 25 种，其中茶氨酸的含量最高，占氨基酸总量的 50% 以上。众所周知，氨基酸是人体必需的营养成分。有的氨基酸和人体健康有密切关系。如谷氨酸能降低血氨，治疗肝昏迷。蛋氨酸能调整脂肪代谢。

6. 其他。

除了上述这些主要组分外，茶叶中还含有一些次要的活性组分；它们的含量虽然不高，但却具有独特的药效。如茶叶中的脂多糖具有防辐射和增加白细胞数量的功效。茶叶中几种多糖的复合物和茶叶脂质组分中的二苯胺，具有降血糖的功效。

但是茶叶也有很多缺点，茶叶含有氟，过量饮用牙齿会发黄，出现凹凸不平的斑点。含氟过多还会影响骨内部组织结构，从而容易引发骨刺、骨折等。另外，茶叶中的咖啡因也不利于睡眠。

五、咖啡

"咖啡"（Coffee）一词源自埃塞俄比亚的一个名叫卡法（kaffa）的小镇，在希腊语中"Kaweh"的意思是"力量与热情"。茶叶与咖啡、可可并称为世界三大饮料。咖啡树是属茜草科常绿小乔木，日常饮用的咖啡是用咖啡豆配合各种不同的烹煮器具制作出来的，而咖啡豆就是指咖啡树果实内之果仁，再用适当的烘焙方法烘焙而成。

关于咖啡的起源有种种不同的传说。其中，最普遍且为大众所乐道的是牧羊人与咖啡的故事。传说有一位牧羊人，在牧羊的时候，偶然发现他的羊蹦蹦跳跳手舞足蹈，仔细一看，原来羊是吃了一种红色的果子才导致举止滑稽怪异。他试着采了一些这种红果子回去熬煮，没想到满室芳香，熬成的汁液喝下以后更是精神振奋，神清气爽，从此，这种果实就被作为一种提神醒脑的饮料，且颇受好评。

咖啡的主要成分为：

1. 咖啡因。

有特别强烈的苦味,刺激中枢神经系统、心脏和呼吸系统。适量的咖啡因亦可减轻肌肉疲劳,促进消化液分泌。由于它会促进肾脏机能,有利尿作用,帮助体内将多余的钠离子排出体外。但摄取过多会导致咖啡因中毒。

2. 脂肪。

其中最主要的是酸性脂肪及挥发性脂肪。挥发性脂肪是咖啡香气的主要来源,它是一种会散发出约四十种芳香气味的物质。

3. 蛋白质。

卡路里的主要来源,所占比例并不高。咖啡末的蛋白质在煮咖啡时,多半不会溶出来,所以摄取到的有限。

4. 糖。

咖啡生豆所含的糖分约8%,经过烘焙后大部分糖分会转化成焦糖,使咖啡形成褐色,并与丹宁酸互相结合产生甜味。

5. 纤维。

生豆的纤维烘焙后会炭化,与焦糖互相结合便形成咖啡的色调。

6. 矿物质。

含有少量石灰、铁质、磷、碳酸钠等。

咖啡的品牌很多,现简单列举如下:

蓝山(Blue Mountain Coffee):是较受一般大众欢迎的咖啡,产于中美洲牙买加、西印度群岛,拥有香醇、苦中略带甘甜、柔润顺口的特性,而且稍微带有酸味,能让味觉感官更为灵敏,品尝出其独特滋味,是为咖啡之极品。

曼特宁:盛产于印度尼西亚的苏门答腊,当地的特殊地质与气候培养出独有的特性,具有相当浓郁厚实的香醇风味,并且带有较为明显的苦味与碳烧味,苦、甘味更是特佳,风韵独具。1995年日本最大的咖啡公司UCC上岛咖啡与印度尼西亚苏门答腊最大咖啡商PT Gunung Lintong合作,他们在亚洲的第一个曼特宁咖啡农场,足以显示曼特宁的重要地位。

麝香猫咖啡:是近期发明的咖啡,产于印度尼西亚,咖啡豆是麝香猫食物范围中的一种,但是咖啡豆不能被消化系统完全消化,咖啡豆在麝香猫肠胃内经过发酵，并经粪便排出，当地人在麝香猫粪便中取出咖啡豆后再做加工处理，也就是所谓的"猫屎"咖啡，此咖啡味道独特，口感不同，但习惯这种味道的人会终生难忘，由于现在野生环境的逐步恶劣，麝香猫的数量也在慢慢减少，导致这种咖啡的产量也相当有限，能品到此咖啡的人是相当的有幸。

卡布奇诺咖啡：20世纪初期，意大利人阿奇布夏发明蒸汽压力咖啡机的同时，也发展出了卡布奇诺咖啡。此时咖啡的颜色，就像卡布奇诺教会的修士在深褐色的外衣上覆上一条头巾一样，咖啡因此得名。它有一种让人无法抗拒的独特魅力，起初闻起来时味道很香，第一口喝下去时，可以感觉到大量奶泡的香甜和酥软，第二口可以真正品尝到咖啡豆原有的苦涩和浓郁，最后当味道停留在口中，你又会觉得多了一份香醇和隽永……

拿铁：这是一种含有蒸牛奶的浓咖啡，在一些咖啡店里，咖啡顶部会有少量泡沫。它比卡布奇诺咖啡的泡沫要少一些。拿铁咖啡是意大利浓缩咖啡与牛奶的经典混合，意大利人也很喜欢把拿铁作为早餐的饮料。意大利人早晨的厨房里，照得到阳光的炉子上通常会同时煮着咖啡和牛奶。也只有拿铁才能给普普通通的牛奶带来让人难以忘怀的味道。

咖啡是一种兴奋剂，对人体会产生很多影响，它可利尿、刺激中枢神经和呼吸系统、扩大血管、使心跳加速、增强横纹肌的力量以及缓解大脑和肌肉疲劳。另外，心情好的时候喝一杯咖啡，可以在品味咖啡香醇的同时，感受到生活的美好。但是切忌在空腹时喝咖啡，因为咖啡会刺激胃酸分泌，尤其是有胃溃疡的人更应谨慎。咖啡作为一种饮品，饮用时，要根据个体情况适可而止。此外，值得注意的是，高血压患者应避免在工作压力大的时候喝含咖啡因的饮料。因为咖啡中的咖啡因可能导致血压上升，若再加上情绪紧张，就会产生危险的相乘效果。

第三节 饮料的选择

　　饮料在投放市场之前，必须经过严格的卫生审查批准，出厂前每批产品均须经过检验合格并进行留样，以确保市场上流通的每批饮料符合卫生标准且"有案可查"，所以饮料既方便又卫生。但这并不是说市场上销售的每瓶（盒）饮料都合格，况且还存在未经卫生部门批准的、无任何卫生防护设施的地下工厂生产的饮料，这些饮料充斥市场，很易造成鱼目混珠，坑害消费者。因此，我们必须提高识别饮料好坏的能力，那么，如何识别呢？

　　首先是检查定型包装饮料的外观，包括包装标签和封口情况。饮料包装标识应完整清晰，容易辨认，必须标有品名、厂名、厂址、生产日期、保质期限、配方、规格等基本内容。标识模糊或涂改或内容缺项者，如无厂名、厂址或厂址不详、无日期、日期涂改或不清等都不符合卫生要求，这些饮料由于标注内容不明也使我们对其内在质量失去信心。过期饮料预示产品可能发生变化，由于卫生质量得不到保障，因此过期饮料不能销售，消费者不宜购买饮用。包装饮料应封口严密，玻璃瓶装饮料的金属盖及瓶口处不应生锈。封口不严可造成细菌污染，检查时可将瓶罐倒置，观察有无漏水。当饮料受到产气细菌（主要是酵母菌）的污染时，在适宜温度下大量繁殖，产气并形成较大压力，可使包装饮料膨胀、瓶盖外凸、玻璃瓶装汽水（啤酒）甚至可发生爆炸（尤其是长期暴露在阳光下或高温存放时），因此必须将饮料存放于阴凉通风的环境中，发现有胀罐的饮料应及时废弃。

　　其次是检查感官性状，各种液体饮料均有其特有的色香味和透明度，不得有异味、苦味和使人难以接受的不愉快的滋味，不得混有杂质（果汁类饮料允许少量果肉沉淀）。检查时可将瓶子倒置，在光线充足的条件下对光观察，因为瓶装饮料如有沉淀、异物，往往由于静置而沉于瓶底，将瓶子倒置则可观察是否有沉淀物。任何一种饮料不得有肉眼可见的杂质，凡经检查发现混有杂质的饮料均不得饮用。如果我们掌握了上述判别饮料好坏的基本要领，就能减少不卫生饮料给身体健康带来的不利影响。使饮料真正成为我们的健康饮品。

其实从健康的角度来看，白开水是最好的饮料，它不含热量，不用消化，就能为人体直接吸收利用，一般建议喝30℃以下的温开水最好。煮沸后自然冷却的白开水不仅解渴，而且最容易透过细胞促进新陈代谢，调节体温，增加血液中血红蛋白含量，增进机体免疫功能，提高人体抗病能力。温开水能提高脏器中乳酸脱氢酶的活性，有利于较快降低累积于肌肉中的"疲劳素"——乳酸，从而达到消除疲劳、焕发精神的目的。另外，水还有一般的饮料中含有的物质所不具备的生理功能。人体组织和细胞的养分及代谢物在体内运转，都需要水作载体。水可以调节体温，使人体温度不会波动太大。水是人体组织之间摩擦的润滑剂。水有极强的溶解性，多种无机和有机物都易溶于水中，体内代谢废物在水的作用下易清除到体外。因此提倡多饮白开水。

实验五 从茶叶中提取咖啡因（碱）

一、实验目的

1. 通过从茶叶中提取咖啡因，掌握一种从天然产物中提取有机物的方法。
2. 学会使用索式提取器。

二、实验原理

茶叶中含有咖啡因（碱），约占2%～4%，另外还含有10%～20%的多酚类化合物，0.6%～1%的色素、纤维素、蛋白质等。咖啡因具有刺激心脏、兴奋大脑神经和利尿等作用，因此可用作中枢神经兴奋药。它也是复方阿司匹林（APC）等药物的组分之一。咖啡因易溶于氯仿（12.5%），水（2%）及乙醇（2%）等。含结晶水的咖啡因为无色针状晶体，在100℃时即失去结晶水，并开始升华，在120℃升华显著，178℃升华很快。咖啡因的学名：1，3，7-三甲基二氧嘌呤，其结构式是：

提取茶叶中的咖啡因，可用适当的溶剂（如乙醇等）在索氏提取器中连续萃取，然后蒸去溶剂，即得粗咖啡因。粗咖啡因中还含有其他一些生物碱和杂质（如单宁酸）等，加入生石灰，使单宁酸和生石灰反应生成钙盐，使咖啡因游离出来，再利用升华法进一步提纯。

三、仪器与药品

索氏提取器、蒸发皿、漏斗、蒸馏烧瓶、冷凝管、接尾管、三角瓶、酒精灯、500mL烧杯、三脚架、铁圈、铁夹、温度计、石棉网、滤纸、线、棉花、茶叶、乙醇、生石灰。

四、实验装置图

图4-1为实验装置图。

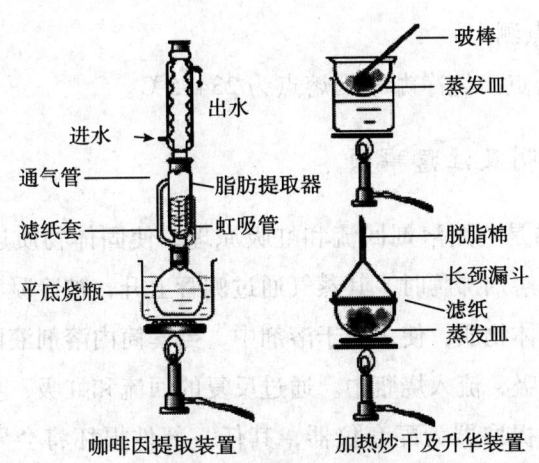

图4-1 实验装置图

五、实验步骤

1. 粗提。

①仪器安装：采用索氏提取器。

②连续萃取：称取10g茶叶，研细，用滤纸包好，放入索氏提取器的套筒中，用80mL、95%乙醇水浴加热连续萃取2h～3h。

③蒸馏浓缩：待刚好发生虹吸后，把装置改为蒸馏装置，蒸出大部分乙醇。

④加碱中和：趁热将残余物倾入蒸发皿中，拌入3g～4g生石灰，使成

糊状。

⑤蒸气浴加热，不断搅拌下蒸干。

⑥焙炒除水：将蒸发皿放在石棉网上，压碎块状物，小火焙炒，除尽水分。

2. 纯化。

①仪器安装：安装升华装置。用滤纸罩在蒸发皿上，并在滤纸上扎一些小孔，再罩上口径合适的玻璃漏斗。

②初次升华：220℃沙浴升华。刮下咖啡因。

③再次升华：残渣经拌和后升高沙浴温度升华。合并咖啡因。

3. 检验（熔点测定）。

称重后测定熔点。纯净咖啡因熔点为234.5℃。

六、实验说明及注意事项

1. 索氏提取器是利用溶剂回流和虹吸原理，使固体物质连续不断地为纯溶剂所萃取的仪器。溶剂沸腾时，其蒸气通过侧管上升，被冷凝管冷凝成液体，滴入套筒中，浸润固体物质，使之溶于溶剂中，当套筒内溶剂液面超过虹吸管的最高处时，即发生虹吸，流入烧瓶中。通过反复的回流和虹吸，从而将固体物质富集在烧瓶中。索氏提取器为配套仪器，其任一部件损坏将会导致整套仪器的报废，特别是虹吸管极易折断，所以在安装仪器和实验过程中须特别小心。

2. 用滤纸包茶叶末时要严实，防止茶叶末漏出堵塞虹吸管；滤纸包大小要合适，既能紧贴套管内壁，又能方便取放，且其高度不能超出虹吸管高度。

3. 若套筒内萃取液色浅，即可停止萃取。

4. 浓缩萃取液时不可蒸得太干。否则因残液很黏而难于转移，造成损失。

5. 拌入生石灰要均匀，生石灰的作用除吸水外，还可中和除去部分酸性杂质（如鞣酸）。

6. 升华过程中要控制好温度。若温度太低，升华速度较慢，若温度太高，会使产物发黄（分解）。

7. 刮下咖啡因时要小心操作，防止混入杂质。

实验六 水的净化及水质检验

一、实验目的

1. 了解市售各种家用净水设备净水的基本原理。
2. 认识水中钙、镁离子的检测方法。

二、实验原理

1. 硬水和水的硬度。

通常将溶有微量或不含 Ca^{2+}、Mg^{2+} 等离子的水叫做软水,而将溶有较多量 Ca^{2+}、Mg^{2+} 等离子的水叫做硬水。水的硬度是指溶于水中的 Ca^{2+}、Mg^{2+} 等离子的含量。水中所含钙、镁的酸式碳酸盐经加热易分解而析出沉淀,由这类盐所形成的硬度称为暂时硬度。而由钙、镁的硫酸盐、氯化物、硝酸盐所形成的硬度称为永久硬度。暂时硬度和永久硬度的总和称为总硬度。

硬度有多种表示方法。例如,以水中所含 CaO 的浓度(以 $m\ mol \cdot dm^{-3}$ 为单位)表示,也有以水中含有 CaO 的 ppm(即每立方分米水中所含 CaO 的毫克数)表示。水质可按硬度的大小进行分类,如表 4 – 1 所示。

表 4 – 1 水质的分类

水质	水的总硬度	
	$CaO/(mg \cdot dm^{-3})$ *	$CaO/(m\ mol \cdot dm^{-3})$
很软水	0 ~ 40	0 ~ 0.72
软水	40 ~ 80	0.72 ~ 1.4
中等硬水	80 ~ 160	1.4 ~ 2.9
硬水	160 ~ 300	2.9 ~ 5.4
很硬水	>300	>5.4

注:* 也有用度(°)表示硬度,即每 dm^3 水中含 10mg CaO 为 1 度。1° = 10ppm。

2. 水的硬度的测定原理。

水的硬度的测定方法甚多，最常用的是 edta 配合滴定法（利用配合反应进行滴定的方法）。edta 是乙二胺四乙酸根离子的缩写。乙二胺四乙酸可用 H_4edta 表示，实验室中通常用其二钠盐（Na_2H_2edta）配制溶液。

在测定过程中，控制适当的 pH 值，用少量铬黑 T（$C_{20}H_{12}O_7N_3SNa$，可缩写为 NaH_2ebt）作指示剂，水样中的少量 Mg^{2+}、Ca^{2+} 能与其反应，分别生成紫红色的配离子 $[Mg(ebt)]^-$ 和 $[Ca(ebt)]^-$，但其稳定性不及与 edta 所形成配离子 $[Mg(edta)]^{2-}$ 和 $[Ca(edta)]^{2-}$。上述各配离子的 lgK_f 值及颜色见表 4-2。

表 4-2　　　　　　一些钙、镁配离子的 lgK_f 值和颜色

配离子	$[Ca(edta)]^{2-}$	$[Mg(edta)]^{2-}$	$[Mg(ebt)]^-$	$[Ca(ebt)]^-$
lgk_f	11.0	8.46	7.0	5.4
颜色	无色	无色	紫红色	紫红色

滴定时，edta 先与溶液中未配合的 Ca^{2+}、Mg^{2+} 结合，然后与 $[Mg(ebt)]^-$、$[Ca(ebt)]^-$ 反应，从而游离出指示剂 edt，使溶液颜色由紫红色变为蓝色，表明滴定达到终点。这一过程可用化学反应式表示（式中 Me^{2+} 表示 Ca^{2+} 或 Mg^{2+}）：

$$Hedt^{2-}(aq) + Me^{2+}(aq) \xrightarrow{pH=10.0} [Me(ebt)]^- + H^+(aq)$$
　　　蓝色　　　　　　　　　　　　　紫红色

$$[Me(ebt)]^- + H_2edta^{2-}(aq) + OH^-(aq) = [Me(edta)]^{2-} + Hebt^{2-}(aq) + H_2O(l)$$
紫红色　　　　无色　　　　　无色　　　　　无色　　　　　蓝色

根据下式可算出水样的总硬度。

$$总硬度/(mmol \cdot dm^{-3}) = 1000c(edta) \cdot V(edta)/V(H_2O)$$

或　　$$总硬度/ppm = 1000c(edta) \cdot V(edta) \cdot M(CaO)/V(H_2O)$$

式中：$c(edta)$——标准 Na_2H_2edta 溶液的浓度（$mol \cdot dm^{-3}$）；

$V(edta)$——滴定中消耗的标准 Na_2H_2edta 溶液体积（mL）；

$V(H_2O)$——所取待测水样的体积（mL）；

$M(CaO)$——CaO 的摩尔质量（g·mol^{-1}）。

3. 水的软化和净化检验。

水中的微量 Ca^{2+}、Mg^{2+}，可用铬黑 T 指示剂进行检验也可用电导率仪进行测定。在 pH = 8~11 的溶液中，铬黑 T 能与 Ca^{2+}、Mg^{2+} 作用生成紫红色的配离子。

纯水是一种极弱的电解质，水样中所含有的可溶性电解质（杂质）常使其导电能力增大。用电导率仪测定水样的电导率，可以确定去离子水的纯度。各种水样的电导率值大致范围见表 4-3。

表 4-3　　　　　　　　各种水的电导率

水样	电导率/（S·m^{-1}）
自来水	5.0×10^{-1} ~ 5.3×10^{-2}
一般实验室用水	5.0×10^{-3} ~ 1.0×10^{-4}
去离子水	4.0×10^{-4} ~ 8.0×10^{-5}
蒸馏水	2.8×10^{-4} ~ 6.3×10^{-6}
最纯水	~ 5.5×10^{-6}

三、仪器和药品

仪器：烧杯（100mL、250mL）、锥形瓶（250mL）、铁台、螺丝夹、滴管、移液管（100mL）、洗耳球、碱式滴定管（50mL）、滴定管夹、白瓷板、量筒（10mL）、洗瓶、玻璃棒、滤纸（或滤纸片）、棉花、T 形管、乳胶管、电导率仪（附铂黑电极和铂光亮电导电极）。

药品：NH_3-NH_4Cl 缓冲溶液[注1]、水样（可用自来水或泉水）、标准 Na_2H_2edta[注2]、铬黑 T 指示剂（0.5%）[注3]、三乙醇胺 $N(CH_2CH_2OH)_3$（3%）。

四、实验步骤

1. 水的总硬度测定。

用移液管吸取 100.00mL 水样[注4]，置于 250mL 锥形瓶中，首先加入 5mL 三乙醇胺溶液[注5]和 5mL NH_3-NH_4Cl 缓冲溶液[注6]，摇匀后，加 2~3 滴铬黑 T 指示剂溶液，摇匀。用标准 Na_2H_2edta 溶液滴定至溶液颜色由紫红色变为蓝色[注7]。即达到滴定终点。记录所消耗的标准 Na_2H_2edta 溶液体积。再测下一次（按分析要求，两次滴定误差不应大于 0.15mL）。取两次数据的平均值，计算水样的总硬度（以 $mmol \cdot dm^{-3}$ 或 ppm 表示之）。

2. 水的电导率的测定。

用电导率仪分别测定 $1^\#\sim2^\#$ 净化水样（在六孔井穴板中进行，用铂光亮电极）和自来水（$3^\#$ 水样，用铂黑电极）的电导率[注8]。

3. Ca^{2+}、Mg^{2+} 的检验。

分别取水样（或自来水），已经软化的水各约 5mL，各加入 10 滴铬黑 T 指示剂溶液，摇匀，观察并比较颜色。判断是否含有 Ca^{2+} 和 Mg^{2+}。

五、思考题及附注

1. 实验前准备的思考题。

（1）用 edta 配合滴定法测定水硬度的基本原理是怎样的？使用什么指示剂？滴定终点的颜色变化如何？

（2）为什么通常可用电导率值的大小来估计水质的纯度？是否可以认为电导率值越小，水质的纯度越高？

2. 附注。

[注1] 称取 $67.5g NH_4Cl$ 晶体溶于少量去离子水中，加入 570mL 浓氨水，然后再加入 1g $Na_2Mgedta \cdot 2H_2O$ 晶体后，稀释至 $1dm^3$。

[注2] 将 $Na_2Mgedta \cdot 2H_2O$ 置于 80℃烘箱中干燥 2h，冷却后，准确称取 3.7g（4 位有效数字）溶于适量去离子水，然后移至 100mL 容量中，稀释至刻度，摇匀（需长期放置时，应贮存于聚乙烯瓶中，并定期核对其浓度）。

标定标准 $Na_2Mgedta$ 溶液　量取 25.00mL 标准钙离子溶液置于 25mL 锥形瓶中，然后加入 5mL 缓冲溶液，摇匀后，加入量铬黑 T 指示剂，用标准 $Na_2Mgedta$ 溶液进行滴定，溶液由紫红色刚转为蓝色时即为终点。按下式可算出标准 $Na_2Mgedta$ 溶液的精确浓度。

$$c(\text{edta}) = c(\text{Ca}^{2+}) \cdot V(\text{Ca}^{2+})/V(\text{edta})$$

式中：$c(\text{Ca}^{2+})$——标准钙离子溶液的浓度（$\text{mol} \cdot \text{dm}^{-3}$）；

$V(\text{Ca}^{2+})$——所取标准钙郭溶液的体积（mL）；

$V(\text{edta})$——滴定中所消耗的 Na_2Mgedta 溶液的体积（mL）。

附：标准钙离子溶液（$0.01 \text{mol} \cdot \text{dm}^{-3}$，4 位有效数字）的配制，将基准 CaCO_3（分析试剂）置于110℃烘箱中干燥约2h，冷却后，准确称取 0.5~0.6g（4 位有效数字）并溶解之。然后逐滴加入 $2 \text{ mol} \cdot \text{dm}^{-3}$ HCl 溶液（此时可用一表面皿遮盖烧杯，以防固体溅失）至 CaCO_3 完全溶解。再小心加热至沸，待冷却后转入500mL容量瓶中，稀释到刻度。

[注3] 称取 4.5g 盐酸羟胺溶于18mL 去离子水中，另有研钵中加 0.5g 铬黑 T 研细。两者混合后，用质量分数95%乙醇定容至100mL。贮存于棕色滴瓶中备用，使用期不应超过一个月。

[注4] 此量一般适用于总硬度 $0.018 \sim 4.5 \text{m mol} \cdot \text{dm}^{-3}$ 的水样。若总硬度大于 $4.5 \text{m mol} \cdot \text{dm}^{-3}$，则水样取量要相应减少。若水样不澄清，则必须过滤之。过滤所用的仪器和定性滤纸必须干燥，最初和最后的滤液宜弃去。若水样的酸性或碱性过高，则可用 NaOH 溶液 HCl 溶液中和后，再加缓冲溶液。本实验可取自来水或泉水作为待测水样。

[注5] edta 还能与其他金属离子如 Fe^{3+}、Cu^{2+}、Zn^{2+} 和 Mn^{2+} 等配合，当水样中含有上述离子时将影响滴定结果。对 Cu^{2+}、Al^{3+} 等离子，一般可加入三乙醇胺进行掩盖（也可以适量氰化物进行消除）。对 Cu^{2+}、Zn^{2+}、Mn^{2+} 等离子一般可加适量的 KCN 或 Na_2S 溶液进行掩盖或除去，以消除干扰。

[注6] 水样中 $\text{Ca}(\text{HCO}_3)_2$、$\text{Mg}(\text{HCO}_3)_2$ 含量较高时，在 $\text{NH}_3 - \text{NH}_4\text{Cl}$ 溶液中会慢慢析出 CaCO_3 和 $[\text{Mg}(\text{OH})_2]_2\text{CO}_3$ 沉淀，从而影响滴定终点的观察，变色不敏锐。遇此情况，水样可适量盐酸酸化，煮沸 2~3min，去除 CO_2 后，再进行测定。

[注7] 在 $\text{NH}_3 - \text{NH}_4\text{Cl}$ 缓冲溶液（pH≈10）中，edta 与 Ca^{2+}、Mg^{2+} 所形成的配离子最稳定，且铬黑 T 指示剂显蓝色。edta 与 Ca^{2+}、Mg^{2+} 配合的反应速度较慢（必要时，可将水样加热至30℃~40℃再进行滴定），所以接近终点时，应特别慢地滴入，同时要不断剧烈摇荡锥形瓶，否则会因反应未完全，而造成 Na_2Mgedta 溶液过量的情况。

[注8] 净化水的电导率测定应尽快进行。否则空气中的少量 CO_2、HCl、NH_3 等气体将溶入水中，会使水的电导率值升高，引起实验误差。

第五章 酸碱性食物与人体健康

第一节 人体的酸碱性

pH 是英文 Potential Hydrogen 的缩写，意指液体可能含氢的量，即用来衡量物质中氢离子的活性，就是通常所指的酸碱度，从 1 到 14 分为 14 级，1~7 为酸性，7~14 为碱性，7 为中性。酸性在物质中以 H^+ 表现，碱性以 OH^- 表现，酸和碱中和在一起会产生盐、水并且释放出热量。

一、体质酸碱性的划分

我们把 pH 引入到人体，来衡量人体体液的酸碱度。因为人体组织的 70% 是液体，有血液、尿液、胃液、唾液等等，这些液体的正常 pH 各不相同。表 5-1 列举了一些体液的 pH。

表 5-1　　　　　　　　　　一些体液的 pH

体液	pH
血液	7.35~7.45
口腔唾液	6.6~7.1
胃液	0.9~1.5
胰液	7.8~8.4
肝胆汁	7.4

续表

体液	pH
胆汁	6.8
小肠	7.6
大肠	8.3~8.4
尿液	5.0~7.0

健康人的血液是呈弱碱性的，血液的正常pH是在7.35~7.45之间，刚从母体生下来的婴儿pH就是在7.35~7.45之间，我们称这种人的体质为弱碱性体质。血液的pH达到7.2到7.35之间的人，属亚健康的人，我们称这种人的体质为酸性体质。癌症病人的pH在7.0到7.2之间，我们称这种人的体质为强酸性体质。pH始终要保持一个较稳定的状态，如果血液pH下降0.2，给机体的输氧量就会减少69.4%，造成整个机体组织缺氧。pH到了7.0至7.2之间已经为癌细胞创造了条件，让它可以加速地成长。而pH为6.8时，人就会死亡。

二、酸性体质的成因

美国医学家诺贝尔奖获得者雷翁教授说："酸性体质是百病之源"。为什么人体会由最初的碱性转为酸性？

1. 造成酸性体质最直接的原因就是人体过多地摄入酸性食品，如肉类、家禽类、鱼类、乳制品类、谷物类，它们被消化分解后，在体内留下氯、硫、磷等酸性元素。而蔬菜、水果属于碱性食物，它们被消化分解后，在体内留下钠、钾、钙、镁、铁等碱性矿物质。最简单的一个原理就是碱性食品可以中和掉酸性食物，维持人体的酸碱平衡，如果人们过多地摄入酸性食品，也破坏了他们的平衡，使人体不能起到足够的中和酸性物质的作用，就会导致酸性体质。

2. 环境污染、作息不规律、恶劣情绪、运动不足及其他不良生活习惯会使细胞居住的体内环境被污染，也会导致体质变酸。

3. 自然规律决定体液必定要变酸。无论人体的吸收和代谢多么复杂，但有一点很清楚：就是人类的代谢过程是产生酸性物质的过程，人类所有的代谢活动都依赖生命的基本单位"细胞"将体内营养物经氧化分解获得能量，同时释放出各种酸性代谢废物，无一例外。

三、酸性体质的危害

体液变酸意味着人体内环境的改变，内环境改变，自然会全面影响在其中生活的细胞，使细胞的各种功能不能发挥，甚至导致细胞癌变。科学证实：体液变酸、体质酸化与多种疾病密切相关，具体表现在以下几方面：

1. 酸性物质与钙、镁碱性矿物质结合为盐类，可以导致骨质疏松；

2. 酸性盐类堆积在关节或器官内引起相应炎症，导致动脉硬化，肾结石，关节炎和痛风等；

3. 酸性废弃物堆积后，可以堵塞毛细血管，使血液循环不畅，导致糖血尿、肾炎及各种癌症；

4. 胃酸过多导致烧心、反酸、胃溃疡等，肠道酸性过高，可以引起便秘、慢性腹泻、四肢酸痛，另外，酸性体质会影响儿童的智力；

5. 体液、唾液处于酸性，给细菌繁殖创造了良好的环境，导致口臭、体臭；

6. 酸性体质导致血液中的脂肪分子加速生成脂肪细胞，以缓解体液的酸化水平，容易肥胖；

7. 酸性体液导致皮肤松弛、毛孔粗大、粗糙生痘、易生皱纹、易出现皮肤感染、过敏等、导致治愈速度慢、易留伤疤。

专家指出，采用合理的方法改善酸性体质，多吃富含碱性物质的食品，是预防各种疾病的关键。

第二节　酸碱性食物与健康

一、酸性食物与碱性食物

大部分人对食物酸碱性的认识十分模糊，有一些食物因吃起来酸，人们就错误地把它们当成了酸性食物，如山楂、西红柿、醋、梅子等，其实这些东西正是典型的碱性食物。食物的酸碱性不是用简单的味觉来判定的，也与其本身的pH无关（味道是酸的食品不一定是酸性食品），酸碱性食物主要是食品经过消化、吸收、代谢后，最后在人体内变成酸性或碱性的物质来界定。

食物基本都含有5大类营养素：蛋白质、脂肪、碳水化合物（俗称糖类）、维生素、矿物质。人人皆知蛋白质、维生素非常重要，矿物质虽然只是微量，但却也是维系身体健康不可或缺的要素。对人类而言，必要的矿物质中，与食物的酸碱性有密切关系者有8种：钾、钠、钙、镁、铁、磷、氯、硫。前5种元素进入人体之后就呈现碱性。动物的内脏、肌肉、脂肪、蛋白质、五谷类，因含硫、磷、氯元素较多，在人体内代谢后产生硫酸、盐酸、磷酸和乳酸等，他们是人体内酸性物质的来源；而大多数菜蔬水果、海带、豆类、乳制品等含钙、钾、钠、镁元素较多，在体内代谢后变成碱性物质。

也就是说，凡是含氮、氯、硫、磷等非金属元素较多的食物，在体内最终代谢产物常呈酸性，称之为成酸性食物，如肉类、鱼类、禽类、蛋类、谷类、豆类、硬果中的花生、榛子、核桃等。凡是含钙、钠、钾、镁等金属较多的食物，在体内最终的代谢产物常呈碱性，故称之为成碱性食物，如蔬菜、水果、牛奶、硬果中的杏仁、栗子、椰子以及茶叶等。而植物油、黄油、淀粉、食糖在体内经代谢后成中性。

二、常见食物的酸碱性

食物的酸碱性的划分是依据不同的食物在进入人体内经新陈代谢作用后所形成的最终产物的酸碱性来确定，我们常见的食物酸碱性大体可做如下划分。

强酸性食物：蛋黄、乳酪、白糖做的西点、乌鱼子、柴鱼、牛肉、猪肉、金枪鱼、牡蛎、比目鱼、奶酪、面包、酒类、花生、薄肠、糖、饼干、白糖等。

中酸性食物：火腿、培根、鸡肉、鲔鱼、鳗鱼、小麦、奶油、马肉等。

弱酸性食物：蛋白、龙虾、鱿鱼、荞麦、豆、河鱼、巧克力、葱、空心粉、炸豆腐、白米、落花生、啤酒、酒、油炸豆腐、海苔、文蛤、泥鳅等。

弱碱性食物：马铃薯、卷心菜、笋、香菇类、油菜、南瓜、苹果、梨、香蕉、樱桃、红豆、萝卜、苹果、甘蓝菜、洋葱、豆腐等。

中碱性食物：萝卜干、大豆、红萝卜、蕃茄、香蕉、橘子、番瓜、草莓、梅干、柠檬、菠菜等。

强碱性食物：牛乳、茶、柿子、黄瓜、胡萝卜、菠菜、柑橘类、葡萄、芋头、海带、无花果、葡萄干、茶叶、葡萄酒、海带芽、海带等。

总体来说，我们每天主食中的大米、白面和副食中的肉、禽、鱼、贝、虾、蛋、花生等都属于酸性食物。而大多数水果、蔬菜、豆类、茶叶、牛奶等属于碱性食物。

三、食物的酸碱性与人体健康

如前所述，人的体液必须保持适度的酸碱度，才能维持正常的生命活动。如正常血液的 pH 在 7.35~7.45 之间波动，这是由于在血浆和红细胞中存在着由几对具有缓冲作用的物质（缓冲对）所形成的一套缓冲系统。血液中每一个缓冲对既能抗酸又能抗碱。例如，碳酸是一种弱酸，碳酸氢钠是强碱弱酸盐，这两种物质组合为一对缓冲物质。每当血液中酸性物质增加时，碳酸氢钠就同它作用，使其变为弱酸，于是酸度降低，反应方程式为：

$$HL(乳酸) + NaHCO_3 = NaL(乳酸钠) + H_2CO_3$$

生成的碳酸不稳定，发生分解生成二氧化碳和水经呼吸系统排出；反之，当碱性物质如碳酸钠增加时，弱酸就同它作用使之变成弱酸盐，这样碱性就降低。其化学方程式为：

$$Na_2CO_3 + H_2CO_3 = 2NaHCO_3$$

过多的碳酸氢钠可以由肾脏排出，从而缓冲了体内的碱性变化。这样，经过缓冲溶液两方面的调节，血液的酸碱性就可维持相对稳定。在通常情况下，人体具有的缓冲系统能自动处理好酸碱关系，使血液中酸碱自身保护在正常范围内，达到生理平衡。

但是，血液的这种缓冲能力是有限的，如果在生活中各种食物经常搭配不当，就会超过缓冲系统自身的调节能力，人体的酸碱平衡就会被破坏，引起生理上的酸碱失衡。例如，长期食用高脂肪、高蛋白、高糖类等酸性食物，就会降低血液缓冲系统的抗酸能力，使血液的pH降低，逐渐成为酸性体质。酸性体质的人常常感觉身体疲乏、腰酸腿疼、记忆力减退、注意力不集中，即出现"亚健康"状态。同时，酸性体质也是产生高血压、糖尿病、心脑血管病等现代"富贵病"的主要根源。

当今社会，人们生活富裕，普遍吃的太好，导致营养过剩。这种饮食结构，属于酸性食品偏多，应注意增加碱性食品的摄入量，以保持合理的营养膳食结构。然而，对于营养缺乏的人群，特别是贫困地区，主要表现为矿微元素缺乏或蛋白摄入不足，这种情形，需要补充均衡的营养素以维持正常的酸碱平衡，特别是补充矿微营养含量丰富同时蛋白质充足的食品。

总之，在日常生活中，要注意平衡膳食、均衡营养。中国营养学会修订的《中国居民膳食指南》强调：（1）食物多样，谷类为主；（2）多吃蔬菜、水果和薯类；（3）常吃适量鱼、禽、蛋和瘦肉，少吃肥肉和荤油；（5）食量与体力劳动要平衡，保持适宜体重；（6）吃清淡少盐的膳食；（7）如饮酒应限量；（8）吃清洁卫生、不变质的食物。

以上八条是防止人类体液酸碱失衡，保持健康膳食的基础。

实验七 酸碱体质测试

方法一 尿液测试法

判断自己是不是酸性体质有一种比较容易的方法，可以直接去药店购买 pH 精密试纸进行自我检查。尿液中的 pH 值一般为 5.5~6，如果早晨检查发现 pH 值经常低于 5.5 就可能属于酸性体质。当然，到医院进行体液检查是最为准确的手段。

方法二 身体表象判断法

自己的体质是酸性的还是碱性的？可用如下方法作一个自我测试，试在下列小问题中与你情况相符的问题有多少个：

a. 皮肤没有弹性、暗淡无光泽。
b. 脸上容易长痘或粉刺。容易疲劳，嗜睡，稍做运动就觉得累。
c. 情绪不稳定，容易发怒。
d. 牙龈经常出血，外伤口愈合慢、容易瘀青。
e. 感冒频繁；胃肠、肝、肾功能不好。
f. 常出现便秘现象。
g. 爱吃甜食，口中常有异味。
h. 汗脚，四肢容易冰冷。
i. 夏天容易被蚊虫叮咬。

以上问题，如有 5 种以上与你自身情况相符，那么就可以判定你的体质属于酸性，5 种以下则为碱性。

实验八 食物酸碱性的检测

一、实验目的

1. 了解酸碱性食物的划分及其意义；
2. 学会食物表观酸碱性和生理酸碱性的检测方法，正确认识酸碱性食物。

二、实验原理

报纸或其他资料上常常推荐人们多食用碱性食物，少吃酸性食物，这里说的食物酸碱性不是指食物本身具有的酸碱性（表观酸碱性），而是其生理酸碱性。是指食物在人体内经消化吸收后，进入代谢途径，最后的残留物给体液带来的酸碱性影响。凡是食物经消化代谢后，其残留物能给体液带来酸性影响的食物叫做生理酸性食物；反之，则叫做生理碱性食物。食物的生理酸碱性与表观酸碱性不一定相同，如苹果、话梅，表观呈酸性，但却呈生理碱性。营养搭配时所谓的酸碱平衡是指要合理搭配生理酸碱性食物。

三、仪器、药品

药品：待测食物（苹果、米饭等）、pH 试纸、酚酞试液、0.1mol/L HCl、0.1mol/L NaOH。

仪器：酒精喷灯、榨汁器、坩埚、烧杯、锥形瓶等。

四、实验步骤

1. 确定食物的表观酸碱性。

取适量食物，切碎，挤压出汁（或用浸泡液），用 pH 试纸或酸碱指示剂测出其酸碱性（如：苹果汁的 pH＜7，说明苹果呈表观酸性）。

2. 确定食物的生理酸碱性。

取适量食物，切碎，放入坩埚内，在酒精喷灯上灼烧至质量不再减轻为止，将残渣转移入烧杯，加入少量水溶解，测定其酸碱性（如苹果灰分浸泡液的 pH＞7，说明苹果呈生理碱性）。

3. 定量测定食物的生理酸碱性。

（1）称取一定量食物（如 10g），用上述方法制得食物灰分的浸泡液，过滤，洗涤滤渣；

（2）将滤液转移至锥形瓶中，加入两滴酚酞指示剂，用 0.1mol/L HCl（或 0.1mol/L NaOH）溶液滴定至终点，记录消耗酸（或碱）的体积。

（3）计算出该食物每 100g 消耗的标准酸碱的物质的量，得出食物的生理酸碱性数值（营养学中食物的生理酸碱性值以 100g 食物所消耗的标准酸碱的物质的量来表示）。

实验九　面粉新鲜度的检测

一、实验目的

1. 了解检测面粉新鲜度的原理和意义；
2. 学会面粉新鲜度的测定方法。

二、实验原理

面粉的新鲜度也可以通过简单的实验进行检验。面粉主要成分是淀粉，久置的面粉会逐渐水解生成葡萄糖，葡萄糖又会继续分解成有机酸等，生成的有机酸用 NaOH 溶液进行酸碱滴定，由此可知面粉中酸的含量是多少。变质的面粉中有机酸的含量增多，自然就不能食用了。

三、仪器、药品

药品：0.01mol/L NaOH 溶液、新鲜面粉、待测面粉

仪器：锥形瓶、碱式滴定管

四、实验步骤

1. 新鲜面粉悬浊液（标准液）的配制及滴定。

在 150mL 锥形瓶中加入 40mL 蒸馏水，再加入 5g 新鲜的面粉，混合搅拌至完全溶解，且没有任何面团存在为止，配成面粉的悬浊液。

用 0.01mol/L 氢氧化钠溶液滴定，边加边振荡，直到悬浊液呈浅红色，并在 1~2 分钟内不褪色为止。记下消耗的 NaOH 的体积 $V_{标}$。

2. 待测面粉（样品 1）悬浊液的配制及滴定。

在 150mL 锥形瓶中加入 40mL 蒸馏水，再加入 5g 待测面粉，混合搅拌至完全溶解，且没有任何面团存在为止，配成面粉的悬浊液。

用 0.01mol/L 氢氧化钠溶液滴定，边加边振荡，直到悬浊液呈浅红色，并在 1~2 分钟内不褪色为止。记下消耗的 NaOH 的体积 V_1。

3. 待测面粉（样品 2）悬浊液的配制及滴定。

在 150mL 锥形瓶中加入 40mL 蒸馏水，再加入 5g 待测面粉，混合搅拌至完全溶解，且没有任何面团存在为止，配成面粉的悬浊液。

用 0.01mol/L 氢氧化钠溶液滴定，边加边振荡，直到悬浊液呈浅红色，并在 1~2 分钟内不褪色为止。记下消耗的 NaOH 的体积 V_2。

五、实验数据及处理

待测定新鲜度的面粉消耗的 NaOH 与标准液相当，说明面粉是新鲜的。如果消耗的体积是标准液的 2.5 倍以上，说明面粉已经变质，不能食用。若在 2.5 倍以下，则面粉不够新鲜，不过还能食用，如：

$$V_{标} = 5\text{mL} \qquad V_1 = 6\text{mL} \qquad V_2 = 15\text{mL}$$

样品 1 为新鲜面粉；样品 2 不能食用。

实验十　食醋总酸度的测定

一、目的要求

1. 掌握碱标准溶液的标定方法。
2. 掌握食醋总酸度的测定原理、方法和操作技术。

二、实验原理

标定 NaOH 标准溶液的基准物质有草酸、邻苯二甲酸氢钾等，常用邻苯二甲酸氢钾，其基本单元为 $KHC_8H_4O_4$，摩尔质量 $M(KHC_8H_4O_4) = 204.22 \text{g} \cdot \text{mol}^{-1}$。

食醋的主要成分是醋酸，此外，还有少量其他有机酸，如乳酸。因醋酸的 $Ka = 1.8 \times 10^{-5}$，乳酸的 $Ka = 1.4 \times 10^{-4}$，都能满足 $cKa \geq 10^{-8}$ 的滴定条件，故均可被标准溶液直接滴定。所以实际测得的结果是食醋的总酸度。因醋酸含量多，故常用醋酸含量表示。此滴定属于强碱滴定弱酸，突跃范围偏于碱性区，选酚酞作指示剂。整个操作过程中注意消除 CO_2 的影响。

三、实验试剂与仪器

仪器：分析天平、酸式滴定管、锥形瓶等。

试剂：邻苯二甲酸氢钾（$KHC_8H_4O_4$）（在（100～125）℃干燥后备用）、$0.1000 \text{mol} \cdot \text{L}^{-1}$ NaOH 标准溶液、酚酞指示剂、食醋。

四、实验步骤

1. $0.1 \text{mol} \cdot \text{L}^{-1}$ NaOH 标准溶液的标定。

用减量法准确称取 0.3g～0.4g $KHC_8H_4O_4$ 三份，分别放入 250mL 锥形瓶中，加 25mL 蒸馏水溶解。然后加 1 滴酚酞指示剂，用 NaOH 溶液滴定至溶液呈粉红色，30 秒钟不褪色，即为终点。记录每次消耗 NaOH 溶液的体积。

2. 食醋试液的制备。

食醋中含醋酸大约为3%~5%，浓度较大，需要稀释。如果食醋的颜色较深，必须加活性炭脱色，否则影响终点观察。取10mL食醋样品，定容于250mL容量瓶中。

3. 食醋总酸度的测定。

用移液管移取稀释好的食醋试液25mL放入锥形瓶中，加1~2滴酚酞指示剂，用NaOH标准溶液滴定至溶液由无色变为淡红色，并且半分钟不褪色示为终点。记录NaOH消耗的体积，重复做2~3次。

五、计算

$$c(\text{NaOH}) = \frac{m(\text{KHC}_8\text{H}_4\text{O}_4)}{V(\text{NaOH}) \times \frac{M(\text{KHC}_8\text{H}_4\text{O}_4)}{1000}}$$

$$c(\text{HAc}) = c(\text{NaOH})V(\text{NaOH}) \times \frac{250}{25} \times \frac{1000}{10} \text{mol} \cdot \text{L}^{-1}$$

六、注意事项

1. 因食醋本身有很浅的颜色，而终点颜色又不够稳定，所以滴定近终点时要注意观察和控制。

2. 注意碱滴定管滴定前要赶走气泡，滴定过程中不要形成气泡。

3. NaOH标准溶液滴定HAc，属强碱滴定弱酸，CO_2的影响严重，注意除去所用碱标准溶液和蒸馏水中的CO_2。